Collection
TOTEM

TOTEM

LA TORTUE

Art, histoire, symbolisme

Texte de Bernard Devaux

ÉDITIONS ROBERT LAFFONT
PARIS

Photographies de Giorgio Coppin en collaboration avec Anna Giorgetti
Conception graphique de Gabriele Martinazzi
réalisée par PROEDI s.r.l., Milan

Titre original : TARTARUGHE

Première édition : septembre 1991

ISBN 2-221-06731-2
(édition originale : ISBN 88-04-34533-0
Arnoldo Mondadori Editore S.p.A. - Milan)

SOMMAIRE

Une véritable pyramide que celle construite sur le dos de cette tortue mexicaine en plâtre peint multicolore. Mais celle-ci ne semble guère s'en soucier : depuis des siècles, elle est un symbole de stabilité. Et n'a-t-elle pas l'habitude de porter la montagne de l'univers et les colonnes qui soutiennent le ciel ?

Sur la terre comme au ciel

La tortue est l'animal totémique le plus profondément enfoui dans le passé et dans la conscience de l'homme. Elle est à l'origine même de bien des symboles et représente l'animal cosmogonique par excellence. Le plus vieux vertébré de nos continents (trois cents millions d'années) et véritable fossile vivant inchangé depuis l'époque des dinosaures, elle est aussi le seul reptile que l'homme soit capable d'aimer, de déifier et d'adorer.

Il n'en a pas toujours été ainsi. La tortue a longtemps souffert de son origine reptilienne. Considérée alors comme « animal des profondeurs », monstre à la peau cuirassée, incarnation du mal, elle est devenue le souffre-douleur de nombreux peuples, particulièrement en Occident. Des siècles de noirceur et de satanisme ont alors commencé pour elle, tandis que des civilisations plus lointaines continuaient à la vénérer. Les Dogons et les peuplades d'Afrique centrale l'ont toujours mise au plus haut de leur panthéon, et les Orientaux, de tous temps, l'ont considérée comme symbole même du monde.

La tortue est sans doute l'animal le plus lourdement chargé en signification, car sa fécondité, sa longévité, sa résistance aux blessures et aux traumatismes ont tissé autour d'elle d'innombrables légendes, lui donnant une place de choix dans la cosmogonie animale.

Car le symbole et le totem ne naissent pas par hasard. Parmi les animaux que l'homme admire, on retrouve presque toujours les formes rondes, agréables au regard, non agressives. Nous sommes attirés par ce qui évoque la naissance et la rondeur charnelle (souvenirs de nos années enfantines et peut-être même de la vie utérine). L'éléphant, l'ours et la tortue bénéficient de notre émotion et de notre bienveillance. Alors que l'ours peut être d'une grande cruauté ou l'éléphant d'une force terrifiante, l'homme ne voit en ces créatures que les rondeurs sympathiques d'un jouet vivant. Et le voici donc attiré par la tortue dont la forme ne peut être plus exactement circulaire. Sa carapace est une demi-sphère parfaite, et, lorsqu'elle cache sa tête et ses pattes sous sa dossière, elle ressemble à un caillou bien poli, que l'on a envie de caresser. Sa rondeur ne nous inquiète en rien, alors que, comme son cousin le serpent, avec sa longue et sinueuse silhouette de fouet, nous effraie.

La tête calme et un peu ahurie et les pattes rondes d'éléphant miniature de la tortue ne peuvent évoquer ni la menace ni l'agressivité.

Une minuscule tortue de style « Amérique du Sud ». Le corps est en papier mâché et les cheveux sont en laine. Ci-contre : une petite sculpture insolite en résine représentant un nouveau-né sortant de l'œuf, œuvre d'un artiste américain.

Sa parure d'écaille pourrait rappeler le serpent ou le saurien, mais ne nous semble que parure de carnaval, simple vêtement de combat pour la parade.
Sa démarche aussi nous fait sourire. Regarder une tortue qui marche est la chose la plus divertissante qui soit. Ses hésitations, sa lourde et tâtonnante progression entre les herbes, sa manière de poser les pattes bien à plat, tout cela est du plus haut comique et fait penser à un spectacle de clown.
Jusqu'à son cou, découvrant une peau plus tendre, plus rose, repliée comme un lourd cache-col, qui nous incite à la tendresse. Ne dirait-on pas une vieille grand-mère emmitouflée dans un tricot d'écailles noires et qui déambule de sa table à son fauteuil ? Comment voulez-vous qu'on ne soit pas ému par « dame tortue » ?
Sa lente obstination est également fascinante, et la patience qu'elle met en toutes choses : pour manger, pour escalader un petit muret, pour s'échapper d'un grillage. Insensible aux quolibets, elle va son petit bonhomme de chemin, réfléchissant à on ne sait quel souci intérieur. Vraiment, pensons-nous, quelle personnalité en dame tortue, quelle profonde sérénité ! Plus on l'observe et plus on se persuade qu'elle est pleine de toute la sagesse du monde.
Les totems n'ont pas de mystères. Les Indiens (le mot

« totem » vient de la tribu des Algonquins) n'ont pas cherché bien loin pour trouver des ressemblances entre les hommes et les animaux. Ainsi, celui qui a de grandes oreilles est surnommé renard. Celui qui est poilu et fort devient ours. Celui qui est mince et ondoyant, qui marche sans bruit et qui a le regard faux est appelé serpent. Pour les Indiens, il suffit de regarder une tortue pour savoir ce qu'elle représente. Prenez ce petit animal dans la main et contemplez-le. Vous verrez que sa carapace toute ronde est à l'image de la forme du ciel au-dessus de nos têtes, et que son plastron tout plat ressemble à la terre qui est sous nos pieds. Ainsi, la tortue représente le monde au-dessus et le monde en dessous de nous.

Quant aux pattes de la tortue, robustes et plantées droites, elles peuvent dans les cultures hindoues évoquer de puissants piliers. Ainsi, après avoir été le monde, elle devient le temple et l'assise du monde : dans les sépultures chinoises, il est fréquent que les colonnes reposent sur une gigantesque tortue. Des légendes prétendent que c'est une tortue qui supportait le ciel. En Inde, elle est l'assise des trônes. En Mongolie, on a trouvé à la fin du XIXe siècle, dans la vallée supérieure de l'Orkhon, une gigantesque tortue de pierre. A cet endroit, la rivière Orkhon jaillit des gorges encaissées et décrit une large courbe avant de se répandre dans la plaine. Au-dessus de cette plaine se dresse le mont Melekhit, appelé « montagne de la Tortue ». C'est au pied de ce mont qu'était

En bois peint de couleurs vives, un objet typique de l'artisanat mexicain : ce sont parfois des jouets, parfois des objets rituels participant aux fêtes. Ci-contre : une pièce indienne en métal doré recouverte de turquoises.

bâtie la célèbre Karakorum, capitale de l'Empire mongol fondé par Gengis Khan.
Cette cité était la plus grande de l'époque. Plusieurs dizaines de milliers de Mongols y habitaient. Elle contrôlait la route principale menant à Oulan-Bator, aujourd'hui capitale de la Mongolie. Les habitants de Karakorum pratiquaient l'agriculture et l'élevage, mais ils étaient surtout connus pour leurs qualités d'artisans. Ils travaillaient le métal et le cuir, la pierre et le bois. Dans cette large ville, on trouvait de nombreux bâtiments en pierre et d'innombrables maisonnettes en bois. La vie intellectuelle y était extrêmement développée ; chanteurs et conteurs venaient de toutes les contrées pour s'affronter lors de joutes orales. De très nombreux lettrés disposaient d'échoppes, où chacun pouvait venir s'informer, écrire des lettres, ou recevoir des missives. Ces échoppes étaient à la fois des banques, des bibliothèques, des clubs de rencontre, et des lieux d'information. Ils remplaçaient nos journaux et nos écoles.

Il était donc normal qu'une cité de cette importance se fît remarquer par des monuments et stèles de haute taille. A quelque distance de la ville, sur le sommet d'un petit monticule, à côté d'une bourgade nommée Karkorim, avait donc été bâtie une importante statue de granit, que l'on peut encore voir aujourd'hui. Sur son dos était dressée une énorme stèle de pierre, ornée de nombreuses inscriptions. Ce grand mégalithe de granit était encore debout au début de ce siècle, mais il est aujourd'hui à terre.
Les inscriptions sur la pierre parlent de la fondation de la ville. La tortue a toujours été considérée par les Mongols comme un symbole de l'éternité. Par ailleurs, elle représente l'assise même des choses, et les fondements de l'empire lui-même. Le poids massif de l'ensemble représente symboliquement la lourde présence de cette civilisation qui fut l'une des plus conséquentes de toute l'histoire des hommes. Quant à la stèle, elle avait pour ambition de relier le ciel et la terre, et de représenter les piliers de la voûte céleste, sur le robuste dos de la ronde tortue semblable au dôme de la terre. On le voit, tout le symbolisme de la tortue était déjà révélé, à cette époque lointaine où nos pays d'Europe étaient encore inexistants.
Plus au sud, l'Inde a également créé de nombreux mythes, qui ont lentement gagné ensuite le reste de la terre. Pour les Indiens, le créateur du monde lui-même a la forme d'une tortue, du moins dans les légendes les plus anciennes. Par la suite — et aujourd'hui encore —, on expliquera que l'univers est ainsi constitué ; une tortue supporte un éléphant, qui supporte lui-même le monde sur son dos (on retrouve associés tortue et éléphant et leurs rondeurs sympathiques).

Une terre cuite mexicaine à la carapace décorée de motifs floraux ; la tête, articulée, se balance. Double page précédente : salière et poivrière en faïence blanche contemporaine avec, ici encore, une grande fleur sur la carapace.

Un conte iroquois explique ainsi la naissance du monde. Au début existait dans le ciel la grand-mère des hommes. Il n'y avait pas de terre, seulement une mer infinie, et la grand-mère des hommes s'ennuyait ferme, toute seule dans les nuages. Un jour, elle tombe à la mer, et la tortue recueille alors la brave femme sur son dos tandis qu'un rat musqué, arrivé là par hasard, commence à recouvrir le dos de la tortue des débris ramassés à la surface de la mer. A force de brindilles, de vase et d'algues mises en tas, il transforme la tortue en île, puis en continent. Ainsi est née la terre.
Des légendes similaires naissent au même moment dans des pays différents. Chez les Burlats, par exemple, une peuplade d'Asie centrale, il est question d'une mer immense où il n'y a pas de continent. Dieu décide alors de retourner sur le dos une très grande tortue et crée ainsi la terre.

Pour d'autres peuples, la tortue ne représente plus le globe terrestre, mais, plus largement, elle est l'image du ciel et des constellations. En Chine, on l'associe aux phases de la lune. Elle représente alors ce qui vient du nord et de l'ombre, c'est-à-dire le côté froid et caché des choses. Par contre, on ne retrouve la tortue ni dans l'astrologie européenne ni dans les signes divinatoires chinois, contrairement à son cousin le serpent. Chez les Mayas, peuple très intéressé par les forces stellaires et célestes, beaucoup plus que par les forces terrestres, le dieu de la Lune est représenté couvert d'une cuirasse en écaille de tortue (comment ne pas penser aux tortues Ninja !?). Chez les Toltèques, proches des Mayas, la tortue est également liée aux étoiles et aux constellations. Ce que nous appelons « bouclier d'Orion » est appelé Thoh chez ces peuples, et Thoh veut dire « tortue ». On le voit, la tortue est partout, sur la terre comme au ciel. Elle peuple la voûte céleste, elle donne son nom aux étoiles, elle désigne les constellations ou les planètes, elle représente le globe, la mer, le ciel ; ses vertus sont omniprésentes et prodigieuses.
Malheureusement, le fait qu'elle soit à l'origine du monde peut aussi causer sa perte. Chez les Kalmouks, en effet, on pense que, dans des milliers d'années, la chaleur solaire aura

Elle flotte et nage en bougeant les pattes « comme une vraie » : un jouet à ressort fabriqué à Singapour, idéal pour amuser les enfants dans leur bain. Ci-contre : un cache-pot en terre cuite montrant une tortue qui semble ravie, malgré la légende, d'être sur le dos...

tout desséché et tout brûlé. Scientifiquement, cela est d'ailleurs tout à fait prévisible, puisque le soleil s'approchera de plus en plus de notre planète. La chaleur commencera à réchauffer les océans et transformera les terres fertiles en autant de déserts. La tortue, qui soutient le monde, sentira alors la chaleur gagner son dos, puis ses pattes... Cuisant sous le soleil, elle se retournera d'un coup, entraînant avec elle l'assise du monde, les piliers et toute la cosmogonie qui nous tient lieu de support. C'en sera fini de notre monde, par la faute d'une tortue et de la trop grande chaleur du soleil.

Nous qui regardons chaque jour de petites tortues se heurter à quelque obstacle et se retourner sur le dos, battant désespérément des pattes, nous comprenons que les Kalmouks sont de bons observateurs de la faune sauvage. Une tortue sur le dos est aussi ridicule que le moindre ver de terre ou que la taupe exposée à la lumière. Elle se débat, s'escrime, s'affole et roule des yeux horrifiés ; si un jour un cataclysme met le monde sens dessus dessous, nous aurons nous aussi l'air d'insectes pris au piège. Les Mongols expliquent d'ailleurs les tremblements de terre et les inondations comme des sursauts de la tortue-univers. Lorsqu'elle tombe sur le dos, se heurte à une pierre ou simplement tressaute, elle fait osciller notre pauvre terre et crée les catastrophes majeures : éruptions, brisures de l'écorce terrestre, sursauts volcaniques.

C'est tout le danger d'être un animal-totem ! Si l'homme souffre des mêmes maux que son animal-totem, il le prend en grippe, le ridiculise et finit par chercher à le fuir. C'est ainsi que la tortue devient responsable de diverses terreurs qui affectent les hommes et que son image, de solaire, devient ténébreuse et maléfique.

Un bronze du sculpteur et peintre suisse Ivan Theimer. Il mesure un peu moins de 20 centimètres et date de 1980. Cette fois encore, notre amie doit supporter la responsabilité d'un très lourd fardeau. Et si elle ne tient pas bien sur ses pattes, si elle est bancale, par exemple, l'ancienne tradition chinoise la transforme aussitôt en Kouen, le créateur légendaire du chaos.

Une princesse des ténèbres

Si l'on retire un pied à un tabouret, il n'est plus siège mais ridicule objet sans signification. Si l'on enlève une patte à une tortue, on retrouve un animal ridiculisé, titubant et dont les grimaces amusent.

Pareille mésaventure est arrivée à la tortue. En Chine, pour la première fois, on trouve ainsi la trace d'une tortue malfaisante. Il s'agit d'un animal à trois pattes, donc bancal, qui représente le créateur du chaos : Kouen. Il est logique qu'une tortue qui n'a plus d'équilibre symbolise le péril de toute fondation.

Une légende un peu similaire raconte que Niu-Koua, une divinité chinoise, a primitivement coupé les quatre pattes d'une tortue pour établir les quatre pôles de la création. Mais Kung Kung, le maître des Titans, décide un jour de tuer l'une des tortues, et naturellement le ciel et la terre se mirent à vaciller.

On retrouve les notions d'équilibre, de pilier, d'assise du monde, et ces légendes résument l'éternelle dualité entre le bien et le mal, et surtout l'équilibre et le chaos.

Pour nos peuples d'Occident, le chaos n'a jamais été un grand problème ni un démon conséquent. Par contre, en Chine, les peuples ont toujours été préoccupés par l'harmonie.

Le chaos a donc toujours joué le rôle de perturbateur, de

« l'ennemi numéro 1 », du diable et du néant. Et c'est à travers l'image de la tortue, de sa stabilité compromise, que se représente et se transmet le chaos.
Un peu plus tard, toujours en Chine, le terme de « tortue » devient une injure. Les responsables en sont des paysans étranges, les Lo-Hu, qui vivent misérablement et sont considérés comme proscrits. Ils sont si pauvres qu'ils se couvrent la tête d'étoffes, souvent de couleur verte. De ce fait, ils peuvent ressembler d'assez loin à une tortue. Pauvre bête : la voilà qui donne son nom à des marginaux, honnis de tous, et qui devient de plus en plus suspecte.
Sa malheureuse origine reptilienne et son habitude à s'enfouir dans le sol pour hiberner lui font un tort considérable. Qu'elle soit de la famille des serpents et des crocodiles n'est pas toujours une évidence. Mais qu'elle passe une partie de sa vie dans les profondeurs de la terre est connu de tous. On ne sait ce qu'elle devient quand elle s'enfonce dans le sol.

On a supposé qu'elle rejoint d'autres monstres des profondeurs, tels que léviathans, succubes et incubes, et autres Belzébuth. Tout ce qui vit dans les entrailles de la terre ne peut être bon et honnête, et la tortue devient symbole des forces du mal.

On voit bien comme la signification de l'animal a divergé au fil des siècles. On ne considérait autrefois que l'animal diurne, estival et concret. Tortue voulait dire solidité, présence, constance, robustesse et longévité. Et puis voilà qu'elle découvre sa vie nocturne et souterraine, qu'elle se montre sous sa face reptilienne, son apparence noire et fouisseuse, et tout ce qu'on pensait d'elle en est modifié. D'être positif et vénéré, elle devient chose malfaisante et détestée, animal craint et bête immonde.

Cette double image de la tortue, sans doute unique parmi tous les animaux, explique le nombre de symboles qui pèsent sur sa tête et la variété des images qu'elle symbolise.

Aujourd'hui encore, la tortue est aimée par le plus grand nombre, mais crainte par certains en tant que reptile. On la sait peu dangereuse, non agressive, bonasse et tranquille, mais sa tête « de serpent », ses écailles et son métabolisme « à sang froid » inquiètent et provoquent le rejet.

Chez les Grecs, le mot tortue veut dire « habitante de l'enfer ». De ce mot dérive d'ailleurs celui de terreur. Pour ce peuple qui est à l'origine de notre civilisation, la tortue est donc un animal souterrain et terrifiant. Il n'a plus rien de sacré ou d'admirable puisqu'il s'enfouit dans le sol (ou sous la vase) et qu'il réapparaît aux beaux jours couvert de boue, l'écaille noire et l'œil vitreux.

Il faut dire que la tortue manque de chance : le poète grec Eschyle en reçoit une sur la tête (lâchée par un aigle) et en meurt. Voilà une très mauvaise publicité, dirait-on de nos jours. On sait aujourd'hui que ces volatiles fracassent des

Une pêcheuse très habile, que cette mignonne petite tortue venue de l'Inde, en bronze finement ciselé ; rien à voir avec l'image que s'étaient faite d'elle les ministres du culte chrétien dans les temps obscurs du Moyen Age.

coquillages en les lançant sur les rochers qu'ils survolent. De temps en temps, comme les pies ou les corbeaux chez nous, ils croquent une jeune tortue. Ce jour-là, l'aigle qui cherchait un roc où fracasser le tendre chélonien qu'il venait de saisir a confondu le superbe crâne nu d'Eschyle avec un rocher convoité ; d'où la méprise et la mauvaise réputation de la tortue, alors qu'elle n'était en rien responsable de cette mésaventure.

Les premiers chrétiens, certainement influencés par ce symbolisme antique, décrivent des tortues en lutte contre de jeunes coqs. Le coq évoque naturellement la vigilance et la bravoure, tandis que la tortue est synonyme de couardise et de refus de combattre.

Plus encore, sa démarche lente, circonspecte, est suspecte durant la période médiévale. Saint Jérôme déclare que la tortue, avec ses mouvements pondérés et trop prudents, « semble supporter le poids de lourds péchés ». On le voit, la lenteur patiente de la tortue, qui pourtant évoque en Orient la sagesse et l'obstination, est regardée en Occident comme le signe d'une lourdeur démoniaque.

Dans nos pays, au Moyen Age, on la mange. On en fait des bouillons (censés guérir des humeurs et des toux). Les moines ont le droit d'en consommer le vendredi comme les escargots,

« car la tortue n'est pas de la viande ». On la trouve sale et répugnante. Elle est devenue bête immonde et noire, comme la taupe, le rat, tous ces animaux qui vivent dans l'obscurité et fouissent. Elle n'habite plus les rêves des hommes, mais leurs cauchemars, avec d'autres créatures comme la vipère, le loup-garou, le vampire ou la salamandre.
Aujourd'hui encore, bien que la tortue ait retrouvé son image rassurante, certaines personnes ne peuvent s'empêcher de la craindre et de lui trouver « une tête de serpent ». Quand on voit une tortue sur la route, hop !... on l'écrase, car c'est un reptile. On croit qu'elle ne souffre pas : elle devient donc le souffre-douleur des enfants. On l'ébouillante pour récupérer sa carapace. On l'accroche à un fil de fer pour éviter qu'elle ne se sauve. On l'enferme dans un poulailler avec des poules qui lui picorent les yeux. Qu'importe, après tout, ce n'est qu'un reptile, une bête rampante et laide, qui passe son hiver sous la terre !

Cette minuscule tortue escaladant une tête de mort semble vouloir illustrer la légende d'un animal venu des enfers. C'est un maluké *en ivoire. Ci-contre : une cloche de table offerte au pape Paul VI par une famille de Tolède.*

Cette tortue insouciante en porcelaine de couleur, fabriquée à Taïwan, va-t-elle chanter tout l'été, comme la cigale de La Fontaine ? En fait, depuis la nuit des temps, notre amie la tortue est liée au monde de la musique ; selon la mythologie grecque, le dieu Mercure s'inspira en effet de sa carapace pour fabriquer le premier instrument de musique : la lyre.

Muse des magiciens

Heureusement, la tortue a d'autres « cordes à son arc ». C'est un animal puissamment original et doté de particularités étranges qui se prêtent à autant de symboles. La forme de la tortue ne cesse d'inspirer les hommes. C'est ainsi que l'arrondi de sa carapace va servir de caisse de résonance et que son plastron sera bien utile aux magiciens et aux devins.

En effet, les coquillages et autres conques de mer ont toujours servi à produire de la musique. La tortue est le seul vertébré qui dispose d'une boîte sur le dos, et, très naturellement, nos ancêtres en sont venus à imaginer que cette boîte pourrait servir de caisse de résonance.

Mercure le premier aurait confectionné une cithare à partir d'une carapace de tortue. On raconte que ce messager des dieux tendit la peau d'un bœuf sur une carapace de tortue et y fixa des cordes en boyau de brebis. C'est ainsi qu'il inventa la lyre, dont il charma tout l'Olympe. Le mot « Testudo » ou « Testudine » est d'ailleurs employé comme synonyme de lyre par divers poètes antiques, et jusqu'à Boileau dans des textes du XVIIe siècle.

A ce sujet, je ne peux résister à l'envie de vous citer un texte naïf et savoureux du poète Rondelet sur la tortue-lyre, dans le *Traité des poissons* qu'il écrivit en 1558.

 « Elle est dite ''Tortue mercuriale'', à raison que cette espèce

de tortue a la ressemblance à laquelle Mercure a trouvé l'invention du luth. Après la retraite du Nil, ayant trouvé cette tortue sur le rivage, la chair toute consumée, dont il ne restait que les nerfs desséchés et tordus qui résonnaient en les touchant. Ce qui fait que notre luth est si semblable à la tortue est que, si l'on ôte la tête et les pieds, il n'y a personne le voyant de loin qui ne dit que ce soit un luth. Ainsi cette tortue, d'une part, est plate, de l'autre est voûtée, faite de six longues pièces formant des angles aigus, et à l'entour toute ronde, sauf à la queue qui finit en pointe, à l'endroit où justement le luth a son col dressé, où sont attachées les chevilles pour tendre et détendre les cordes. »
Mais la transformation de la tortue en luth, ou en cithare, a une signification beaucoup plus large puisqu'elle résumerait, au dire des anciens, tout l'art de l'alchimie. Dom Pernety, un des grands initiés de cette science, affirme que la tortue est le symbole même de « la transformation de la matière en art », c'est-à-dire du matériel en spirituel. Pour cela, il s'appuie justement sur le fait que l'animal est devenu instrument de musique, que d'une boîte amorphe,

Chez les Dogons, seul le patriarche s'assied sur la carapace de la tortue. Dans cette petite sculpture en argent du siècle dernier, c'est un charmant bambin qui s'est arrogé ce privilège. Ci-contre : une pièce péruvienne portant gravé sur la dossière un visage inquiétant.

structurelle, naîtront un jour des sons et des émotions.
Pour les alchimistes, on comprend donc que la tortue, surtout celle dite Luth, représente l'exacte mutation du concret en évanescent, de la forme en évocations, de l'organique en spirituel. Voilà une nouvelle jeunesse pour la tortue, et un titre de gloire. Toutefois, comme l'alchimie elle-même est souvent liée au diable et aux forces sombres qui s'agitent au sein de la terre, la reconnaissance toute neuve de dame tortue par les alchimistes ne lui fit pas toujours du bien. Liée à ceux qui la vénèrent, elle n'en fut que plus haïe par le clergé et les forces religieuses de l'époque.
L'une des idées essentielles de l'alchimie est que chaque chose est à la fois elle-même et son contraire. La tortue est donc considérée comme un poison avant sa transformation (en tant que reptile), puis comme un remède. Les philosophes hermétiques disent que ce chélonien, de par sa nature de reptile, est pourvoyeur de mort et de danger. Mais qu'ensuite, transfiguré, muté, soumis à l'alchimie et aux forces transformatrices, il devient un puissant remède.
Dans un hymne d'Homère adressé à Hermès, le poète antique

explique ainsi le double visage de la tortue, et sa double fonction :
« Je te salue, aimable tortue... Comment, étant de la race des coquillages, vis-tu dans ces montagnes ? Je te porterai chez moi et tu m'y seras très nécessaire. Il vaut mieux que je fasse quelque chose de bon de toi, car tu es par toi-même un poison très dangereux pendant que tu vis, et tu deviendras quelque chose de bon après ta mort. »
Mais revenons à la fonction musicale de la carapace de la tortue.
De nos jours, on trouve en Afrique du Nord des petites mandolines, ou cithares, confectionnées avec des carapaces de tortues grecques. Instruments sans réelle valeur musicale, qui sont surtout fabriqués pour être vendus aux touristes.
La dossière de la tortue, bien ronde, qui se tient bien en main, n'est pas seulement utilisée pour des instruments à corde. En Amérique centrale et en Amérique du Sud, elle devient elle-même instrument à vent. On se sert surtout des petites tortues aquatiques, très refermées sur elles-mêmes, que l'on obture avec de la cire ou de la poix. Des trous percés ici et là permettent de souffler et de modifier les sons, comme sur un ocarina. La forme même de l'ocarina, d'ailleurs, évoque sans aucun doute la forme d'une tortue. De

Deux tortues de mer s'aimaient d'amour tendre... Bois peint de couleurs gaies venu du Mexique. Dans de nombreuses cultures africaines et latino-américaines, la tortue est un symbole sexuel très fort.

nombreuses petites flûtes rondes existent ainsi dans une partie du continent américain. La plupart, en vérité, sont fabriquées dans d'autres matériaux que la tortue elle-même. Les peuples du Brésil, du Guatemala, de l'Uruguay se sont inspirés de la tortue-flûte pour imaginer des objets en diverses matières : terre cuite, céramique, bois, pierre. On trouve dans ces pays d'innombrables petites flûtes qui enchantent les collectionneurs. Elles sont souvent de forme amusante, peintes, très petites et tenant dans la poche. La tortue qui en a inspiré la forme a gagné de n'être plus naturalisée, et ne finit plus en instrument de musique.
En Afrique centrale, dans les tribus qui vivent entre Sahara et brousse humide, la tortue fait partie de la vie de tous les jours. C'est surtout la grosse et lourde Sulcata qui est devenue l'animal familier de certaines ethnies africaines. L'animal

Une sculpture en travertin de Girolamo Ciulla, intitulée « Rêve d'une tortue » ; elle est de 1990 et mesure 38 cm. La tortue a toujours su, sinon rêver, du moins stimuler l'imagination et l'inspiration des hommes.

peut atteindre quatre-vingts kilos, il marche très lentement, et il est pourvu d'une dossière particulièrement plate, très appréciée.

En pays dogon (dans la boucle du Niger), la tortue vit en symbiose avec le plus vieil homme de la tribu. Elle est comme son double, son totem vivant. Si le patriarche est absent, c'est la tortue qui reçoit la première bouchée du repas et la première gorgée d'eau quotidienne. Lorsque le patriarche est consulté, la tortue doit être présente. Le vieil homme l'interroge, et la tortue (est-ce illusion ?) opine du chef ou désapprouve. La dossière plate, légèrement incurvée en son milieu, de la Sulcata constitue un siège parfait. Le patriarche s'assoit donc sur la tortue lorsqu'il doit rendre la justice. Ainsi, la sagesse de la tortue inspire directement le vieil homme. Au Cameroun, au contraire, ce sont les suspects que l'on assoit sur la tortue ; on pense qu'ainsi elle les empêchera de mentir.

Sur tout le continent africain, la tortue a une signification fortement sexuelle. Cela tient à la grande activité des tortues en ce domaine, mais également à la forme de leur carapace et de leurs membres. Les Senoufos et les Baoulés de Côte-d'Ivoire, par exemple, voient dans la forme ronde de l'animal un organe sexuel féminin (c'est le *yoni* des Japonais), et la tête représente un phallus ou bien ce qui est « mâle » chez la femme : le clitoris. Le remuement de la tête de la tortue correspondrait à une érection. Chez les Holas, peuplade d'Afrique centrale, une tortue est décapitée lorsque l'on pratique l'excision féminine ; le symbole est évident. Chez les Dogons encore, la tortue est chargée de tant de puissance sexuelle qu'il faut la passer entre ses jambes plusieurs fois en cas de stérilité.

On retrouve d'ailleurs des interprétations sexuelles semblables chez les Amérindiens. Les Indiens d'Amazonie voient dans la tortue un vagin.

Enfin une croyance orientale prétend que la tortue est femelle et le serpent mâle. Ces deux formes ne font qu'une seule espèce, l'une étant instrument reproducteur, l'autre

phallique. Intéressante vision des choses, qui réunit en un seul être mythique deux familles de reptiles qui n'ont de réelle similitude que la forme de la tête.
Reprenons notre animal en main. Sa carapace bombée a servi pour un corps de cithare, et il nous reste le plastron. Sur cette large plaque d'os, n'en doutons pas, nos ancêtres ont cherché à lire. Et que pouvaient-ils lire, sinon des prophéties et des oracles ? Sans doute quelque mage, quelque sorcier imaginatif, s'est avisé qu'un plastron de tortue était un miroir où pouvaient se lire des lignes, des écaillures et des dessins colorés ; cosmogonie toute suggestive où il pouvait déchiffrer l'avenir des hommes.
Le procédé divinatoire est né en Chine. On soumettait le plastron à l'action du feu, ou bien l'on appliquait sur l'os des pointes chauffées au rouge, en des endroits déterminés. Des écaillures et craquements se produisaient alors, susceptibles d'être interprétés. On a retrouvé en 1930 tout un lot de ces plastrons divinatoires, utilisés par la dynastie Yin (1700 avant J.-C.). Ces morceaux de carapaces appartenaient à une espèce aquatique, *Pseudocadia anyangensis*, aujourd'hui disparue. La partie osseuse était auparavant polie, préparée, puis soigneusement gravée. Le mage indiquait, d'une manière rituelle, le nom de celui qui voulait poser une question, la date de l'oracle, et son propre

nom. Des rainures étaient ensuite tracées sur l'arrière du plastron, et l'on soumettait ces rainures à la flamme. Sur le devant de la plaque osseuse se dessinaient alors de fines craquelures, que le mage était susceptible d'interpréter. Ce qui compte en divination, on le sait, est moins le support que l'imagination de l'intercesseur. Mais cette pratique eut au moins une retombée non prévisible. La disparition de celle qui en était le support : cette tortue aquatique depuis longtemps.

Autres particularités qui ont frappé l'homme : sa longévité et sa fécondité ; dans le monde oriental, elle était, et elle est encore aujourd'hui, offerte en cadeau, par exemple aux jeunes époux pour leur souhaiter bonheur et longue vie. Le fait que la tortue ponde de nombreux œufs, sans apparente difficulté, fait penser qu'elle est largement procréatrice. Elle assure donc reproduction, vie longue, patience et lente énergie. A y bien regarder, elle est à l'image de ces Orientaux qui la vénèrent. Comme la tortue, on les imagine patients et procréateurs, se multipliant à l'infini et se perpétuant longtemps à travers leurs longues dynasties.

Un ensemble avec salière, poivrière et plat, inspiré par notre amie ; c'est une faïence italienne contemporaine. Ci-contre : un très bel ocarina en terre cuite, au son pur et léger, produit de l'artisanat sud-américain.

Cette fois, c'est une amazone de porcelaine qui a choisi notre amie pour monture. Son habillement et sa coiffure « à la garçonne » sont typiques du Paris des cabarets dans les années vingt et nous renseignent ainsi clairement sur l'époque de cet objet.

Une vieille dame très patiente

Ainsi, cahin-caha, la tortue va son petit bonhomme de chemin dans l'inconscient collectif des hommes. Autrefois pilier de l'Univers, exemple même de la sagesse et de la fécondité, elle devient monstre des profondeurs, émissaire des puissances occultes. Elle traverse nos civilisations sous diverses apparences, parfois mélodiques quand elle se transforme en lyre, parfois un peu inquiétantes quand elle est table divinatoire. Tantôt elle apparaît comme la mère des hommes, soubassement et pilier du monde, tantôt elle retombe au rang d'animal honni, comme le rat ou d'autres grignoteurs souterrains.

Sans doute sont-ce la richesse de son symbolisme, la grande variété de ses images dans nos légendes et notre culture qui font de la tortue cet animal si largement représenté dans tous les bestiaires du monde.

N'oublions pas non plus son côté antédiluvien. Quand on regarde une tortue, on croit voir un petit dinosaure. Elle nous vient en effet, au bout de ses trois cents millions d'années, d'un temps révolu où vivaient encore les reptiles géants. Seule et bien petite, elle a survécu à tous les chambardements. Cette éternité derrière elle n'est pas toujours pour l'avantager. On peut en effet se demander pourquoi elle a échappé à tant de cataclysmes, changements climatiques,

Un petit tableau du peintre toscan Antonio Possenti ; il s'agit d'une huile sur toile de 1986. La petite céramique ci-contre mesure 4 cm et vient, elle, de Hongrie : la petite fleur est bien dans le style naïf d'Europe centrale.

fissures tectoniques, magmas, météorites, volcans et tourbillons stellaires ? N'y a-t-il pas, justement, dans cette longévité exceptionnelle, le signe d'un pacte avec le diable ? La tortue n'est-elle pas destinée, au bout du compte, à survivre à l'homme lui-même ? On dit que le scorpion résiste aux radiations atomiques... mais la tortue résistera-t-elle à l'homme, à ses appétits et à son goût de l'animal rare ? Plus l'on examine la tortue, plus l'on se dit qu'elle est animée de vertus bien étranges, qui souvent sont celles d'êtres monstrueux ou anormaux. Sa sobriété, par exemple, est déjà inquiétante. N'est-elle pas capable de vivre sans boire pendant un mois ? Les navigateurs les emportaient autrefois sur leurs navires, et pendant trois mois, dit-on, elles ne mangeaient ni ne buvaient, constituant une réserve « sur pattes » du plus haut intérêt. Sa résistance aux mutilations est également légendaire, et elle devient souvent animal-martyr, exploité par l'homme au-delà de l'imaginable. Certains peuples, encore aujourd'hui, arrachent les plaques de la tortue imbriquée, grande tortue de mer aux larges écailles, et la rejettent vivante dans l'eau de mer, espérant qu'elle reconstituera sa précieuse écaille. D'autres, dans des contrées où la viande ne se garde pas, ont inventé de lui couper de temps en temps un morceau de chair, qu'ils mangent, et de

la laisser vivre ainsi, jour après jour, jusqu'à utilisation ultime de l'animal. La tortue semble parfois ne pas souffrir, et reste coite, même soumise aux pires sévices ; l'homme s'est imaginé qu'elle ne souffrait pas, et il la croit inhumaine, au-dessus de l'humain. C'est l'animal sans âme, sans nerfs, qui résiste à la mort et aux mutilations ; grâce soit rendue à Dieu, et merci pour le pain quotidien !
Sa longévité, enfin, paraît anormale. Certaines d'entre elles, courantes dans nos pays, vivent cent ans. Des tortues géantes, aux Seychelles ou aux Galapagos, vivraient deux cents ans et peut-être plus. On ne sait pas combien de temps vivent les énormes Luths, les plus lourdes tortues du monde, qui mènent une vie dans les fonds marins et dont nous ignorons tout. Et les *Terrapene Carolina,* dites encore « tortues-boîtes », sont créditées de cent cinquante ans d'existence, grâce aux marques gravées sur leur plastron par leurs premiers propriétaires. On le voit, la tortue est le vertébré qui vit le plus vieux, et cette longévité même est une offense pour l'homme, un défi. La nature n'a-t-elle pas commis une grande faute en ne donnant pas à l'homme une longévité supérieure à celle de tous les autres animaux ?

Les Japonais sont très sensibles à l'immortalité, et à tout ce qui concerne le vieillissement et le passage du temps. Grands sages, ils ont longuement étudié, au cours de leurs longues civilisations, les rapports de l'homme avec ses « presque semblables » : les animaux. Dans de très nombreux textes, quand on parle de grande longévité, et parfois même d'immortalité, deux animaux sont cités : la tortue et la grue. Tous les deux sont crédités de plusieurs dizaines de milliers d'années de vie ! Ce n'est pas encore l'immortalité, mais ça n'en est pas loin. Dans les estampes japonaises, on voit donc assez souvent une tortue et une grue, l'une et l'autre venant renforcer cette idée de longévité exceptionnelle. L'un de ces dessins m'a frappé : on voit une femme qui tient dans une main une tortue, et qui est dotée par ailleurs d'une paire d'ailes déployées, un peu comme nos anges occidentaux. Ce double symbole est tout à fait clair pour un Japonais : cette femme représente l'éternité.

Aujourd'hui, grand bien lui fasse, elle est ressentie comme non agressive et bonasse. Le fait qu'elle soit végétarienne (pour la tortue de terre), qu'elle hiberne une partie de l'année, qu'elle mène une petite vie tranquille au fond du potager, qu'elle ne morde pas, ne crie pas, ne se presse jamais, et qu'elle vive largement plus longtemps que son propriétaire, fait de la tortue l'animal sauvage le plus désiré, car le plus « exemplaire ». En effet, bien qu'habituée à l'homme, elle restera toujours « sauvage ». Une simple expérience le prouve ; si l'on ouvre dans son grillage une porte de sortie et si l'on met à côté de cette ouverture un plat de fraises ou une laitue succulente, la tortue choisira, *toujours* et *sans exception*, la porte de sortie et la liberté. Contrairement au matou ou au chien de compagnie, reptile elle demeure, et reptile elle préférera à tout jamais le grand air du large.
Après tout, n'est-ce pas la base même de ses étonnantes vertus ? Si elle vit si vieille, si sage, si patiente, si obstinée, n'est-ce pas parce qu'elle sait que la vraie vérité est d'aller toujours ailleurs, de rester libre et de ne jamais dépendre d'autrui. La tortue, jamais, ne s'apprivoisera. La tortue, jamais, ne reniera ses trois cents millions d'âge. Nous ne sommes, à ses yeux, qu'un avatar dans l'histoire des mondes ; elle continuera et continuera, jusqu'à la fin des temps, et malgré nos câlineries et nos salades, son petit bonhomme de chemin, libre et sauvage, oui, de son petit pas pesant de dinosaure pensif.

Cette sculpture en céramique bleue est une pièce de grand prix, œuvre de l'artiste italien Lucio Fontana. Dans la double page précédente, quatre minuscules rockeuses en résine fabriquées à Hong Kong passent une bien agréable soirée.

Stylisée mais bien reconnaissable, cette petite tortue en terre cuite est un objet assez rare ; il est l'œuvre d'une tribu indienne du Texas.

Tortues en daube et tortues en chocolat

Malheureusement pour elle, la tortue est aussi bonne à manger. De tous temps, et en tous lieux, sa chair a servi d'aliment de base à nombre de peuples. On a surtout mangé les tortues de mer, mais de très nombreuses tortues de terre ont disparu par excessive prédation humaine. Aujourd'hui encore, la tortue est mangée sur certaines côtes africaines,

Ce sympathique animal aux yeux écarquillés et à l'expression tendre et coquine n'a plus grand-chose du reptile ; il est réalisé en terre cuite.

dans nombre de pays orientaux, dans certaines îles du Pacifique ou des Caraïbes. La tortue de terre, plus rare, plus petite, est aujourd'hui moins consommée, à part la *Carbonaria,* petite tortue « à pattes rouges » que l'on fait cuire sur la braise en Amérique du Sud.
La manger, c'est se nourrir, mais c'est également s'approprier ses vertus, comme il est courant dans tout sacrifice animal. On acquiert ainsi les qualités de la tortue ingérée : longévité, résistance aux mutilations, fécondité... Tout dans la tortue est bon à manger, du moins selon les auteurs des siècles passés : la chair, les œufs, la graisse, le foie. D'innombrables textes relatent les bienfaits de la viande, de l'huile de tortue, et permettent de comprendre pourquoi des centaines de milliers de bêtes ont péri dans les siècles dits « de lumière ».

La tortue sait, quand elle le veut, être très élégante. Ainsi cette broche brésilienne aux yeux faits de rubis, qui se pavane sur la soie d'un foulard. Sa carapace guillochée lui donne une légèreté inhabituelle.

Les navigateurs découvraient le monde et tentaient de le conquérir. Les routes des mers étaient longues, et l'une des trouvailles de ces marins au long cours fut d'emporter sur les navires des tortues vivantes, prélevées dans les îles Mascareignes, aux Caraïbes ou dans le Pacifique. Ces tortues survivaient sans boire ni manger et constituaient des réserves fraîches que l'on pouvait utiliser des semaines et des mois sans faire escale. Cette « trouvaille » causa bien entendu la perte des tortues géantes, et, en quelques décennies, sinon quelques années, on extermina des populations entières de tortues sur l'île Maurice ou à Bourbon (aujourd'hui la Réunion).

L'hécatombe fut effarante, comme le relate en 1826 un chroniqueur :

« Les colons, lorsque leur provision est épuisée, se mettent en chasse ; ne recherchant que la graisse, ils laissent les chairs et les carapaces pourrir ou servir de pâture aux cochons. Il faut abattre de quatre à cinq cents tortues pour obtenir une demi-barrique de graisse et de trente à quarante pour en avoir une demi-pinte. Voici comment ils procèdent : armés de petites haches fabriquées pour la circonstance, ils font une entaille d'un pouce carré, juste au milieu de la carapace, ils y fourrent le doigt pour se rendre compte si la tortue est grasse ou non, il leur arrive souvent d'en essayer ainsi une cinquantaine avant d'en trouver une à leur convenance. »

A Rodrigues, ce fut encore pire. Bien qu'il n'y ait que douze personnes en permanence sur l'île, le prélèvement fut intensif. Entre 1759 et 1761, on ramassa plus de vingt-six mille tortues, sans qu'elles paraissent diminuer pour autant. Les rares personnes habitant sur l'île se plaignaient du menu quotidiennement imposé : soupe de tortue, tortue en fricassée, tortue en daube, tortue en godiveau, œufs de tortue, foie de tortue...

Dans son journal écrit en 1761, l'abbé Pingre témoigne des faits qu'il observe :

« L'île de Rodrigues n'est ordinairement habitée que par un officier français qui commande à une douzaine ou une

quinzaine de Noirs, dont la principale occupation est de ramasser des tortues dans les différentes parties de l'île. On rassemble ces tortues dans un parc, et on les envoie à l'île de France sur des corvettes, que l'on dépêche de temps en temps pour cette cargaison. »
Le résultat est que, quarante ans plus tard, il n'y a plus sur Rodrigues une seule tortue. En soixante-dix ans, les hommes ont exterminé l'ensemble des chéloniens de l'île, soit environ trois cent mille animaux.
A la Réunion, il en fut de même. L'ancienne île Bourbon fut privée de ses tortues en un siècle. L'énorme *Cylindrapsis borbonica,* animal qui pouvait atteindre deux cents kilos, s'éteignit définitivement en 1850. Aujourd'hui, comme le « Dodo », ou « Solitaire », sorte de gros volatile à la chair appétissante, elle fait partie des animaux mythiques et légendaires.
L'année dernière, un chercheur du Muséum d'histoire naturelle de Paris, Roger Bour, a retrouvé dans une tourbière les ossements de cette tortue disparue. Sur quelques mètres carrés, des milliers d'os de tortue témoignaient de la phénoménale destruction de cet animal géant. A l'époque, certains chroniqueurs prétendaient pouvoir en ramasser « plus de mille six cents en une journée », et disaient qu'on ne pouvait presque pas faire un pas sur le sol, tellement l'île était « encombrée de tortues géantes, dormant ou mangeant au lieu même où elles vivaient ».
L'ennui pour la tortue est qu'elle est consommable et, semble-t-il, délectable. Les textes naïfs et pleins d'emphase de l'époque en témoignent.
« La chair est fort bonne, et approche de celle du veau... Le bouillon de la tortue surpasse les autres bouillons, la chair en est succulente. »

En argent et nacre, voici une boîte à pilules raffinée très originale. Ci-contre : un objet plein de gaieté, en mie de pain vernie et donc très fragile. Il vient du Mexique, et sa carapace est une grande fleur festonnée.

Quant au foie, il est considéré comme un mets royal, et l'on tue d'énormes bêtes pour en prélever seulement cet organe. On laisse pourrir le reste, ce qui rend l'air irrespirable alentour.
« La tortue est un animal fort laid, mais cependant fort bon à manger, entre autres le foie en est excellent... C'est l'un des plus délicats morceaux que l'on puisse manger... Le foie me paraissait être la partie la plus délicieuse de l'animal. »
La tortue donne également une huile très utilisée sur les navires de l'époque, tant pour la cuisine que pour enduire, nettoyer, graisser les objets, cordages et planches.
« Cette huile est autant bonne pour toutes choses comme le bon beurre... On tire de cet animal une huile fort douce qui a presque le même goût que celle d'olive... Cette huile n'a aucun mauvais goût, elle est très saine, nous en assaisonnons

nos salades, nous l'employons dans nos fritures et dans toutes nos sauces. »
On mange ses œufs, bien que l'œuf de tortue ait une particularité déroutante ; le blanc ne coagule pas, ce qui n'empêche pas les marins et colons de s'en rassasier.
Aujourd'hui encore, en Guyane et dans d'autres pays, on consomme quelquefois, cuits simplement sous la cendre, des œufs de tortue de mer.
Pendant la dernière guerre, encore, dans notre massif des Maures, les « vieux » ont mangé de la tortue, quand ils ne faisaient pas des omelettes avec des centaines d'œufs de tortue. Aujourd'hui, on avoue ce « petit péché de jeunesse » avec réticence. On se sent un peu coupable d'avoir « mangé de la tortue ». On ne consomme plus dans nos campagnes de hérissons ni de tortues. On laisse cela aux « estrangers », gens de l'Europe de l'Est, gitans, Orientaux, qui sont toujours soupçonnés d'en être friands.
Pauvre tortue, dont les vertus étaient aussi médicinales. On attribuait au bouillon et à l'huile de tortue d'innombrables bienfaits. Ce bouillon purifiait le sang, guérissait du scorbut, diminuait l'engourdissement des nerfs et, naturellement, limitait la douleur. Puisque la tortue était censée ne pas souffrir, et résister aux mutilations et traumatismes, ingurgiter

la chair de l'animal, son huile ou son bouillon devait protéger des maux dont elle était exempte.

Au début du siècle, encore, dans nos pays, la tortue était considérée comme capable de guérir la tuberculose, comme la limace ou l'escargot. Des médecins très capables préconisaient un broyat de tortue pour enrayer cette maladie. Il suffisait de prendre une tortue et de la piler menu pour en ingurgiter le brouet (avec ou sans carapace ?). Cette légende est si tenace que, ces années-ci encore, on m'a demandé des tortues pour des enfants atteints d'asthme, « la présence de cet animal étant censée guérir cette maladie ». On le voit, l'amalgame est vite fait entre animaux « visqueux » (la limace, l'escargot, la tortue...) et les expectorations de la tuberculose. De la même manière, la tortue n'ayant ni poils ni plumes, elle ne peut causer d'allergies propres aux asthmatiques... donc, elle guérit les allergies. Voilà pourquoi votre fille est muette !

La tortue morte est également exploitée de toutes les manières possibles : écailles, carapace entière (comme pour le berceau d'Henri IV — on peut le voir à Pau, sa ville natale). Cette

Il suffit de peu de choses pour créer un animal amusant : quelques boules d'argile et, grâce au talent d'une artisane parisienne, dame tortue se met à vivre. Ci-contre, un cendrier en cuivre venu de Roumanie.

Une autre boîte à pilules en argent, datant de 1900. Française, elle a été trouvée dans un marché aux Puces. Ci-contre, le jeu subtil des transparences à travers une splendide pièce en cristal signée Lalique.

matière osseuse et ces écailles qui la recouvrent font de la tortue un triste trophée pour amateurs de pacotille. C'est particulièrement la tortue imbriquée qui est visée, superbe animal d'environ quatre-vingts centimètres de long, dont les écailles larges et épaisses se chevauchent (d'où son nom). Cette matière permet en effet un artisanat varié, donc l'originalité ; malheureusement, elle s'est envolée au fil des siècles, pour ne plus satisfaire qu'une clientèle de touristes blasés. Autrefois, la carapace de la tortue était respectée à l'instar de l'animal lui-même ; ce n'est pas sans précautions, sans rituels, qu'on la transformait en calebasse, instrument de musique, bijou ou matériel divinatoire. De tous temps, elle a fait partie de nos civilisations. On la retrouve dans les musées ; les artefacts d'écaille sont aussi nombreux que ceux faits dans de l'ivoire. L'écaille est moins épaisse, mais plus facile à travailler, et finalement moins rare. Sa surface moirée, de toutes couleurs, permet de jouer avec les lumières et les reflets, ce que ne permet pas l'ivoire.

 La forme de la tortue se prête à en faire une petite boîte,

qui permettra de mettre des objets précieux, des poudres ou des onguents. C'est ainsi que les Bushmen d'Afrique du Sud, en Namibie particulièrement, transforment la tortue régionale (*Geochelone pardalis,* une tortue dotée d'une belle carapace blanche tachetée de noir) en « boîte à tout faire », une sorte de « beauty case » africain en quelque sorte. Dans ces tribus, ce sont les hommes qui se maquillent et qui portent donc sur l'épaule ce précieux container. Chaque ethnie a sa technique, sa manière artisanale de préparer la tortue et de décorer l'objet. On peut encore voir une belle collection de ces boîtes au Muséum de Dresde, mais elles sont toujours utilisées sur le terrain, de nos jours, par les tribus locales.
La carapace est gardée tout entière, après avoir été nettoyée. Les ouvertures des pattes postérieures sont bouchées avec de la résine naturelle, et l'on décore le bas de la tortue de longues franges en tissu, en cuir ou en perles, selon la personnalité ou les goûts du propriétaire. Une courroie de cuir est fixée dans la partie supérieure de l'objet pour porter la boîte, et cette courroie sert également à appliquer les pommades et les crèmes sur le visage et sur le corps. C'est

ainsi que pratiquent toujours les Hereros, qui y placent les poudres obtenues par le malaxage de plantes ou de pierres particulières. Cette « trousse de maquillage » est inséparable des meilleurs guerriers et montre l'importance de celui qui en est possesseur, plus encore que la lance de combat.
Les collectionneurs, en général, n'achètent pas et ne présentent pas d'objets « vivants », c'est-à-dire tirés de l'animal lui-même. Les plus fervents de tel ou tel animal sont aussi des protecteurs, et appliquent une déontologie stricte ; ils ne recherchent rien qui contribue à accélérer la disparition de l'animal. Donc... pas d'ivoire, d'écaille, etc., et surtout pas de carapace clouée au mur, de trophée qui sent encore la bête morte.
La tortue a donc souffert de son statut d'animal consommable. Ce n'est pas le cas de tous les animaux totémiques. On ne mange pas de la chouette ni de l'ours couramment. La tortue,

Cette tortue est une petite boîte dont la carapace sert de couvercle ; blanche et bleue, aux couleurs de l'Orient, elle est en céramique et vient de Thaïlande.

Gaie et éveillée, voici une petite tortue de mer sculptée dans le bois par un artisan mexicain : attend-elle la prochaine vague pour se jeter à la mer ?

animal autrefois commun, remarquable par sa taille et facile à attraper, a donc payé un lourd tribut à la gourmandise humaine, qu'elle soit occidentale ou indigène. Durant de nombreux siècles, elle a perdu son caractère d'ancêtre et d'animal sacré, pour n'être que viande de boucherie. Il est à remarquer que dans les pays ou ethnies où la tortue a toujours rang d'intermédiaire divin, de porte-parole du Très-Haut, comme chez les Dogons, elle n'est pas consommée, et meurt de sa belle mort (très tardivement) au sein de la famille qui l'a adoptée.

Il arrive quelquefois que tel ou tel animal, devenant proie préférentielle d'une tribu, soit érigé en animal-symbole, respecté pour son essence « divine », comme le bison ou le phoque… mais pour la tortue il en a rarement été ainsi. Elle a vécu les avanies les plus singulières chez tel peuple et pendant telle période de l'histoire, pendant qu'ailleurs elle était considérée comme animal « intouchable ».

Dans nos civilisations matérialistes, qui ont perdu depuis longtemps tout sens du symbole, on a trouvé un substitut à l'acte de dévorer l'animal totémique : on fabrique des

imitations dans toutes les matières consommables possibles. Ainsi, on peut manger telle ou telle image, sans faire souffrir la « vraie bête », et sans même en amoindrir le symbolisme. On trouve par exemple dans nos boutiques du Midi des tortues en pain, en sucre, en pâte d'amandes ou en chocolat. La tortue est l'un des animaux les plus figurés dans toutes sortes de bonnes choses à manger.
Pour les anniversaires, les mariages, les communions et les fêtes diverses, on offre le petit objet en sucre candi, la tortue en massepain, la bestiole en chocolat fourré, en pâte à choux, en fruits confits ou même en glace. On représente enfin la tortue dans cet aliment noble entre tous : le pain. Dans notre région de Provence, il n'est pas rare de trouver à la devanture d'une boulangerie artisanale de somptueuses figurations animales. La tortue se prête à une composition en pain, car sa forme est aisée à reproduire. On fabrique donc de grosses miches de pain bien rondes, dotées de quatre moignons de pattes et d'une petite tête triangulaire, dont le ventre bien doré est proche de toutes les brioches appréciées du public.
En fait, la tortue en pain d'épice ou en sucre a perdu toute signification. On la mange sans penser à ce qu'elle représente. Le sens n'y est plus, ni même l'imaginaire ; c'est une forme anonyme, qui n'évoque rien dans notre subconscient.
Il est probable qu'un Indien venant tout droit du Guatemala, ou un Dogon fraîchement débarqué de Bandiagara, s'étonnerait de notre facilité à consommer de telles « images ». Pour eux, manger la forme serait toujours manger l'animal lui-même. Nous avons perdu, en même temps que le vrai sens des choses, tout lien avec le surnaturel. Nous ne savons plus relier par l'imaginaire un animal vivant à sa représentation.
Nous avons brisé la relation entre l'homme et ses symboles ; le totémisme est mort dans nos sociétés et ne renaît faiblement, très faiblement, qu'à travers le collectionneur et son amour des objets et des représentations.
Le collectionneur garde encore, au tréfonds de lui, un « certain souvenir » du sens des choses. Lorsqu'il voit une forme

Il n'existe pas de tortue dont la carapace soit si haut perchée et si pointue ; mais ce petit personnage en plastique au sourire amusé cache en réalité un taille-crayon bien pratique !

d'animal — de l'animal qu'il aime —, il la revêt d'un peu de réalité. C'est ainsi que le « vrai collectionneur » n'aura jamais dans ses vitrines le moindre objet tiré de la matière vivante du totem et, de la même manière, il ne mangera jamais de cet animal (pas de soupe de tortue, etc.). Comme l'Indien ou le Dogon, il gardera un certain sens du lien entre image et réalité. Manger un massepain en forme de tortue lui paraîtra désagréable, sinon impossible. Il ne pourra porter de bijoux en écaille.

Pour cet homme, le totémisme n'est pas mort. Lorsqu'il

contemple sa collection, il n'est pas loin de la rendre vivante à ses yeux.

Ainsi le Village des tortues de Gonfaron a-t-il tenté une démarche exemplaire : transformer un acheteur potentiel de tortue vivante (enfant ou adulte) en acheteur d'une représentation de l'animal : une peluche, un objet en terre, en plastique, un porte-clefs… Le bambin, qui espérait s'en aller avec une tortue vivante, repart avec un substitut. Nous avons remplacé un besoin charnel, réaliste… en besoin figuré. L'enfant s'initie au totem. Il dormira le soir avec sa peluche, et dans son rêve la peluche aura même réalité que l'animal vivant. Ainsi, on peut recomposer le sens du rituel et du symbole et, du même coup, faire comprendre le caractère « sacré », c'est-à-dire intouchable, inachetable, de l'animal vivant.

L'imaginaire pourrait devenir la clef de toute protection animale. On pourrait remplacer les zoos par « l'imaginaire des bêtes », c'est-à-dire par des films, des vidéos, des objets. On y arrive en quelque sorte, puisque l'image virtuelle (télévision, cinéma) prend de plus en plus le pas sur l'accès direct aux choses désirées (animaux vivants). Pour la protection animale, c'est un bel avenir. Les gens peuvent se nourrir d'images et de représentations, limitant leur agression sur la vraie faune. Ils sont devenus des consommateurs d'images : le totem, la représentation figurative, leur suffit. C'est mieux que de dévorer et d'exterminer les vraies tortues, comme l'ont fait nos ancêtres.

Deux petites tortues naïves qui semblent bien tristes : venues d'Extrême-Orient, elles sont réalisées en plâtre peint, dans le style « drugstore » typique. Ci-contre, un jouet ancien en métal laqué pourvu d'un système à ressort et qui se déplace comme une « vraie » tortue.

Comment ne pas devenir l'ami d'une tortue comme celle-ci ? Sa carapace recèle des trésors, puisque c'est une tirelire ; elle est en céramique et fabriquée en Corée. Mais c'est depuis quelques années seulement que la tortue est venue prendre place parmi les animaux-jouets préférés des enfants.

Lorsque dame tortue paraît...

La tortue est naturellement l'un des animaux les plus appréciés des enfants. Sa forme ronde se prête agréablement à la préhension enfantine... tortue en peluche, tortue-véhicule (on s'assoit dessus), tortue-jouet (puzzle, seau à sable, jeu de cubes, etc.). La tortue est immédiatement identifiée par l'enfant, qu'il soit bambin ou jeune écolier. Dans les rayons des peluches, ce n'est pas l'animal le plus représenté, car sa vogue est récente. La peluche se prête en général aux animaux « à fourrure », et d'une allure bonhomme : ours bien entendu, panda, éléphant, canard. Mais, depuis quelques années, les peluches se sont diversifiées, et les fabricants réalisent des formes plus originales : rhinocéros, perroquet, kangourou. Peu de reptiles dans les années 50 à 70. Mais par la suite, cherchant de nouveaux produits et s'avisant que l'originalité pourrait attirer le futur acheteur, de grandes maisons créatrices (anglaises essentiellement) ont lancé sur le marché les premiers reptiles : crocodile (devenu bonasse et rigolard) et serpent (python géant). C'est alors qu'est arrivée dans les rayons dame tortue. On représente essentiellement la tortue de terre, dont les formes rondes (corps, pattes et tête) sont aisées à fabriquer. Le jeune enfant, on le sait, est sensible aux formes rondes et courtes, qui rappellent tout ce qui est petit, jeune, nouveau. Plus une tortue est sphérique, ramassée, à pattes courtes et à tête « en boule », plus elle a de succès. La forme ronde est si commode qu'elle permet de

fabriquer d'énormes poufs, sièges, ou rangements, à l'image de la tortue. On trouve des tortues-meubles, qui servent à ranger d'autres jouets. En ce cas, la carapace devient une maison véritable ; on la soulève, et l'on découvre tout un intérieur capitonné, moelleux, ou l'enfant peut s'asseoir. Quel plus beau symbole pour le jeune enfant que cette maison à quatre pattes, toute en peluche et ronde comme le monde lui-même ; symbole, on l'a vu, de tout ce qui est naissance et création ; à la fois ventre maternel, abri, maison. De plus, la tortue en peluche rectifie une erreur de la nature ; le seul défaut de cet animal est de n'être pas en fourrure ou en plume, comme ses amis les ours, les chats, les chiens ou les gros canards. La réaliser en peluche lui fait d'un coup franchir une étape décisive ; elle entre dans le monde des jouets doux, des animaux que l'on passe contre sa joue, dans lesquels on enfouit sa figure, que l'on hume comme tout ce qui est chaud et tendre. Par la magie de la fourrure, la tortue gagne un prestige accru, et se range aux côtés des « grands classiques » de cette matière qui évoque la vie. Et il arrive que des adultes, les femmes les premières et sans doute les hommes sous prétexte d'en faire cadeau à leurs enfants, « craquent » devant une tortue en peluche. En dehors de la

La statuette ci-dessus, en résine, est d'inspiration mexicaine mais vient de San Diego, aux USA. La tête est curieuse, très éloignée de la morphologie réelle de l'animal. Ci-contre, une tendre tortue de mer en peluche de la firme italienne Trudy.

peluche, on voit de plus en plus de petits sièges, de bateaux en plastique, de bouées, de boîtes à cubes, de petits animaux à remonter, de formes en plastique qui prennent l'apparence de tortues. Le créateur n'a guère de difficulté à imaginer des utilisations pour une carapace de tortue : c'est la boîte par excellence, le vase, le réceptacle, la maison... la plus curieuse (mais logique) réalisation étant des petits pots de chambre pour enfants en forme de tortue. L'enfant se cramponne à la tête de l'animal, tout en s'asseyant sur la tortue évidée en son centre : voilà une monture idéale, dont le sens pratique a dû remplir les poches de celui qui en a eu l'idée.
Ne l'oublions pas ; nous entrons dans l'ère de la tortue. Elle ne fait que devenir omniprésente et envahissante. Les années 30 à 50 ont été celles de l'ours... Les années 50 à 70 celles du panda ou du canard... Les années qui viennent, seront celles de la tortue. Regardez autour de vous, dans les magasins de jouets ou dans les boutiques d'objets de décoration, vous en verrez partout, de toute forme et de toute utilité : vase, presse-papiers, boîte musicale, seau ou siège, rangement ou instrument de musique.
Ce qui me fascine dans cette étonnante « invasion » des tortues (jusqu'à la télévision et le cinéma qui programment

une série « pour enfants », avec les tortues Ninja, très batailleuses), c'est le pourquoi de cet attrait pour un reptile autrefois ignoré, sinon haï. Souvent, en regardant nos petits visiteurs se pencher sur cet animal antédiluvien, je me demande d'où vient cet amour pour une bête aussi « éloignée » de nous. Je vois ces petites frimousses s'attendrir sur un œil de dinosaure, les petites mains caresser une carapace dure comme de l'os, et je me demande quel est le déclic, tout au fond de tel ou tel bambin, qui le fait se passionner pour le plus vieil animal qu'il puisse contempler ? Encore… s'il s'agissait d'une affection rare ! Mais il semble bien que nous soyons confrontés à un véritable raz de marée affectif. Considérant alors ces regards attendris, ces preuves évidentes de passion (ces enfants totalement subjugués, ces adultes émus, ces mains qui se tendent, ce besoin de prendre, de caresser), je cherche quels sont les motifs profonds qui portent mes semblables (car je ne suis pas à l'abri de cette excessive passion !) à s'attendrir et à fondre en regardant ce lent reptile se déhancher comiquement en tendant une tête questionneuse. On peut comprendre notre affection pour un bébé phoque, un panda ou un renard à poil roux, mais pour une tortue, ce reptile « froid » en habit d'écaille et d'os ?
Je vois trois raisons à notre amour pour dame tortue ; la première étant justement cet éloignement entre elle et nous, ce contraste. Nous aimons en effet qui nous ressemble, comme le chien — si pareil à nous — ou le phoque — dont les yeux répondent aux nôtres… mais nous aimons aussi ce qui nous est très opposé, *pourvu que cela soit sans danger*. Dans la tortue, ce qui nous plaît est qu'elle soit si « sauvage », si primitive, tellement dinosaurienne, et en même temps qu'elle ressemble à un jouet : petitesse, rondeur, tranquillité. Ce que nous recherchons dans un animal de compagnie, c'est une présence affective et une absence de danger, une certaine connivence entre cet animal et nous. Nous croyons par exemple qu'un ours sera gentil avec nous (c'est une erreur, tous les dresseurs le savent), ou qu'une otarie, fuselée, rieuse, sera un bon compagnon (nous nous trompons, bien entendu : elle n'a que faire d'un bipède terrestre). Mais ces animaux

Une autre peluche, mais pas anonyme cette fois, puisqu'il s'agit de Michel-Ange, un des quatre protagonistes du film Les Tortues Ninja. *Cette tortue-là vit dans les égouts de New York et lutte contre les criminels.*

ressemblent à des jouets, évoquent la petite enfance. Dans notre affection pour la tortue, il y a le même attendrissement sur nous-même. Ce que nous aimons dans la tortue, c'est sa forme de jouet, et l'émotion que nous éprouvons pour ce jouet. La tortue est un support parfait pour que se cristallise notre affection. Elle est petite, ronde, elle ne va pas vite, n'ouvre pas la bouche pour mordre, nous regarde tranquillement, sans agressivité ; elle est la concrétisation parfaite, vivante, d'un jouet exemplaire, et qui nous attendrit. Et nous l'aimons parce qu'elle nous permet de nous attendrir.

Comme il est logique, nous aimons surtout les animaux qui sont de bons supports pour notre faculté à aimer. Un crocodile, par exemple, « répond mal » à notre affection : il est trop querelleur, trop « rempli de dents », il sent mauvais, il vit dans la vase… La tortue de terre, au contraire, mange de la salade, est propre, toujours bien soignée sous sa carapace lustrée, la tête levée, l'air aimable ; voilà un animal idéal pour devenir support de notre imaginaire… et quelle chance qu'il soit si ancien, si vieux dans le temps ; il nous apporte en plus une valeur rare : celle de la pérennité, de la durée, presque de l'immortalité ! Regarder — et surtout posséder — une tortue, c'est un peu comme se sentir moins mortel, y gagner du temps et de la patience. Comme nous l'avons vu, tout animal symbolique transmet ses qualités à celui qui l'adore ; donc on puise en dame tortue les vertus qu'elle représente : sagesse, calme, ancienneté. Elle distille une vérité enfouie au fond même de notre être ; nous sommes, nous aussi, au départ, des animaux « sauvages ». Comme elle, nous venons de la nuit des temps. Au contact de la tortue, nous retrouvons nos instincts les plus éternels, nos sentiments les plus cachés. Voilà ce qui nous émeut dans la tortue : elle reste elle-même, ne change pas, ne varie pas, reste sauvage. Mais c'est une sauvage… apprivoisée. Nous aimons bien la sauvagerie… mais domptée. Un lion n'est mignon que calme et ronronnant. Un serpent est aimable s'il dort, ou est en peluche. Ce qui est attrayant, chez la tortue, est qu'elle représente la sauvagerie à l'état pur, mais qu'elle peut être immédiatement intégrée à notre univers : nous pouvons la toucher, la caresser, elle nous regarde, nous accepte. Quelle plus merveilleuse sensation : trente-cinq millions d'années nous contemplent !

Une autre raison de cet amour pour la tortue tient, je pense, à la forme même de l'animal : ce dôme, cette carapace refermée sur elle-même. On le sait, la tortue transporte sa maison sur le dos, et cela a longtemps amusé les moralistes (d'Esope à La Fontaine, en passant par les conteurs africains). Mais cherchons bien ce qui nous émeut dans la possibilité d'avoir une maison sur son dos… après tout, notre idéal n'est pas d'être enfermé vingt-quatre heures sur vingt-quatre sous un toit ! Non, ce symbole du toit sur le dos, de la maison qui cache et abrite, c'est ce besoin profond de tout être humain à vivre à l'intérieur de soi, à se replier sur soi-même. C'est un symbole d'intériorisation, de repliement sur notre monde intérieur. C'est la protection contre les agressions extérieures, la capacité à s'autoprotéger, l'image même de l'égocentrisme salvateur.

La plupart des enfants soulignent cette particularité. Certains adultes, également, insistent sur cette capacité de la tortue à replier pattes et tête comme en une forme fœtale, originelle. La tortue, quand elle a peur et se replie sur elle-même, au fond, n'est pas « encore née » ; c'est une boule inerte, ronde

Une petite huile sur toile, œuvre du peintre américain Robert Caroll. Ci-contre, une tortue de mer provenant du Pérou : particulièrement réaliste, elle est en bois sculpté et peint.

Deux personnages qu'on dirait sortis d'une bande dessinée : ci-dessus, une tortue malicieuse venue de Taïwan, toute fière du papillon qui vient de se poser sur elle. Ci-contre, une irrésistible statuette en résine, fabriquée aux USA.

comme un œuf, et pourtant à l'intérieur le cœur bat, elle est là, toute vivante. Nous retrouvons cette sensation dans le hérisson ; cela nous émeut qu'un animal puisse se replier complètement sur lui-même pour se protéger, et ainsi n'avoir besoin de personne. Mais le hérisson, avec ses piquants, est en position de défense. La tortue, tout simplement, ferme sa porte et semble nous dire : laissez-moi, je suis bien à l'intérieur et je me débrouille toute seule. D'ailleurs, la tortue a la capacité d'hiberner, et elle est solitaire. Les tortues ne vivent pas en couple. Leurs amours, bien que bruyantes, sont peu connues, et peu remarquées. Souvent, les gens ignorent s'il s'agit d'un mâle ou d'une femelle. Pour beaucoup, la tortue vit seule, s'accouple rarement (quelle erreur !) et supporte la solitude et l'isolement ; tout cela rejoint l'un de nos besoins primordiaux : l'autosuffisance, le repliement sur soi.

Enfin, je vois en cet amour envers la tortue une pulsion plus enfouie encore, presque impossible à analyser. Ne dit-on pas que nous avons sous notre boîte crânienne un néo-cortex et un cerveau reptilien ? Cela veut dire qu'une partie de notre cerveau nous vient « en droite ligne » de nos ancêtres les reptiles. Qu'une part de nos pensées, par conséquent, est comme « habitée » par un monde lointain dont nous n'avons plus conscience. Il nous gênerait d'ailleurs d'avouer que nous avons des pensées de crocodile, ou des réactions de serpent ;

mais, après tout, pourquoi n'aurions-nous pas, de temps en temps, quelque lointaine réminiscence d'une aïeule à carapace, qui nous aurait transmis ses instincts primordiaux : besoin de se protéger, solitude, indépendance, goût de la liberté. Ces idées, aussi étranges soient-elles, je les ai entendues proposées par des visiteurs et des enfants. Ils se demandent si en nous, dans les tréfonds, n'existe pas encore « un peu de la tortue » ? Et cette idée, tout bien réfléchi, n'est pas si idiote. Elle expliquerait cet amour « incontrôlé » pour un animal d'os, à la peau couverte d'écailles et au faciès de reptile primaire, que par logique nous ne devrions pas « aimer ». Certaines de nos cellules, très loin au fond de nous-même, reconnaissent peut-être notre « cousine » et lui trouvent, malgré sa face étrange, quelque chose de « familial », de proche. Je ne vois pas d'autre explication à cet attrait indescriptible intensément partagé envers un animal si bizarre. Tout dans la tortue est notre opposé. Pourtant... nous la trouvons attendrissante. C'est peut-être sa sauvegarde même, son authenticité, sa lointaine origine qui nous font, par atavisme, la trouver si aimable.

Deux petits amoureux en céramique, fabriqués à Hong Kong : outre la tête, peu ressemblante, les proportions ne respectent pas la loi biologique : dans la nature, en effet, la tortue femelle est toujours plus grande que le mâle. Mais l'expression des regards est très drôle, et... en amour tout est permis !

Dr Jekyll et Mr. Hyde

Les premières figurations de tortue sur des pièces de monnaie, en Occident, datent des Egéens, six siècles avant Jésus-Christ. Ce peuple qui vivait au milieu de la Méditerranée, sur quelques îlots minuscules, a longtemps dominé le commerce entre le Moyen-Orient, le Péloponnèse et les pays plus à l'ouest. Sur les pièces que les Egéens mettent en circulation, la tortue marine est abondamment représentée. Cet animal est un symbole évident pour un peuple maritime. Les pièces sont toujours en argent, rondes, avec parfois des formes hexagonales. Ce sont des statères, des oboles ou des trioboles, d'une douzaine à une vingtaine de millimètres de diamètre. La première connue date de 470 avant notre ère, et représente d'évidence une tortue marine, mais on ne peut en déterminer exactement l'espèce (sans doute *Caretta caretta*).
Soudain, vers les années 400 avant J.-C., apparaissent sur les pièces en argent des tortues terrestres. C'est le moment où les Athéniens ont triomphé de la puissance égéenne, et sont devenus les maîtres de la Méditerranée. Bien que marins eux aussi, ils montrent, par ce biais même des pièces de monnaie, que leurs préoccupations deviennent plus terrestres. Les tortues marines s'effacent des statères et des oboles, et sont remplacées par des tortues suffisamment bien reproduites (en ronde bosse) pour qu'on y reconnaisse la tortue marginée *(Testudo marginata)*.

Ces pièces sont de véritables petits bijoux ; les tortues sont toujours représentées « vues du dessus », pattes et tête bien étirées. L'animal occupe la totalité de la surface de la pièce, et le dessin très exact des plaques de la dossière, ainsi que l'arrondi très réaliste de la carapace, donne beaucoup de présence et de beauté à ces lourdes pièces d'argent. On peut supposer qu'il était agréable d'avoir dans la main, sous la paume, une de ces oboles en métal précieux. C'était déjà, outre la valeur marchande, une fièvre de collectionneur qui devait habiter chaque propriétaire de ces drachmes.
Elles devaient d'ailleurs être très répandues, et fort connues, car elles avaient pour simple nom « chelonai », qui veut dire « tortue ».

On ne trouve par contre aucune autre trace des tortues sur les monnaies postérieures, que ce soit chez les Romains ou chez d'autres peuples du vaste monde. La tortue est quelquefois représentée sur des coupes ou vases produits sur les pourtours de la Méditerranée — comme sur cette coupe attique de couleur rouge, où un homme est poursuivi par une tortue géante, — mais c'est tout de même assez rare. Deux millénaires durant, la tortue est absente de la numismatique. Elle ne réapparaît qu'en 1934, mais très loin de l'Europe, dans les îles Fidji. Ce minuscule Etat — assez semblable aux îles de la mer Egée — représente une tortue de mer sur une pièce de six pence en argent. La dimension est d'ailleurs la même que celle des pièces égéennes : environ dix-neuf millimètres. Le dessin est net, bien tracé, et permet de distinguer la *Caretta caretta*, mais nous mesurons tout le chemin parcouru depuis les Grecs ; chemin parcouru à l'envers, pourrais-je dire, car les pièces modernes n'ont plus cet aspect de ronde bosse, quasi naturaliste, des pièces anciennes. La pièce égéenne avait un toucher, un modelé, un naturel et une présence vivante, qu'aucun pays moderne n'a égalés.
L'histoire de « Tui Malila », une étonnante tortue dont l'effigie orne une pièce des îles Tonga de 1967, vaut d'être racontée. Cette petite pièce en bronze n'est pas remarquable par la qualité de sa frappe, mais l'animal qu'elle montre a une histoire.
Cette énorme tortue, dont l'origine était inconnue, aurait été donnée à la reine de Tonga en 1777 par le capitaine Cook lui-même lors de son troisième voyage dans le Pacifique. Ce paisible animal s'adapta très confortablement à sa vie insulaire, et se mit à prospérer dans le jardin royal où il se trouvait. Choyée, bien nourrie, dorlotée comme un animal rare — ce qu'il était dans ces îles où n'existent pas de tortues de terre —, la tortue continua à grossir durant les décennies suivantes.
Un feu s'étant déclaré sur l'île, la tortue faillit y laisser la vie. Mais l'incendie fut maîtrisé, et la tortue survécut, bien que marquée par les flammes. Sur sa carapace, de nombreuses

Naïf, mais très astucieux, un petit jouet en papier mâché de Bali : la ficelle qui sort de la carapace est reliée à un élastique et à un bouchon de liège ; il suffit de la tirer et la tortue se met à marcher.
Un jouet en papier mâché de Bali : il avance grâce à un système d'élastique. Dans la double page suivante, un couple amusant de tirelires en porcelaine nacrée, venant de Taïwan.

traces témoignèrent de cet incident et, sur la pièce de monnaie, on distingue très bien, sur le côté gauche de l'animal, les crevasses laissées par l'incendie.

Quand elle fut bien vieille, elle commença à perdre la vue et à manger de moins en moins. A la fin, il était nécessaire de la gaver pour qu'elle consente à avaler sa nourriture favorite : les succulents fruits qui poussent à Tonga. Enfin, elle mourut le 19 mai 1966, soit presque deux cents ans après qu'elle eut été offerte à la reine de Tonga.

Transférée au Muséum d'Auckland pour y être naturalisée, elle fut examinée par des spécialistes qui s'aperçurent qu'il s'agissait d'une tortue radiée (*Astrochelys radiata*) dont l'origine est l'île de Madagascar. L'animal étant très vieux, sa carapace avait pris une couleur noire qui avait longtemps trompé les observateurs (la tortue Radiata est constellée d'étoiles blanches), mais il ne faisait aucun doute que l'animal provenait de la grande île de l'autre côté de la terre.

Etait-ce vraiment la même que le capitaine Cook avait ramenée à Tonga ? Il était plausible en effet que l'équipage en partance pour le Pacifique ait capturé un jeune animal sur Madagascar et l'ait apporté à Tonga. Mais aucune tortue de cet espèce, ni même d'une autre espèce terrestre, n'a de

mémoire de naturaliste vécu deux cents ans, et le doute subsiste. On peut donc supposer que les habitants de Tonga, ayant perdu la première « Tui Malila », aient introduit un jour une autre tortue pour la remplacer.
La solution serait d'utiliser les techniques modernes et de procéder à une analyse des ossements de l'animal, toujours au Muséum d'Auckland, pour déterminer l'âge exact de l'animal. On découvrirait peut-être alors, dans le meilleur cas, que « Tui Malila » a vraiment connu le capitaine Cook et qu'elle est donc la plus vieille tortue de terre ayant existé. Elle méritait bien d'être frappée dans le métal pour rester à la postérité.
Les pièces de monnaie attirent les célébrités, car on voit sur une pièce de 1977 en argent, frappée par l'île de Sainte-

Cette pièce originale viendrait du Pérou. Elle est en terre cuite poreuse : on place des graines sur le pourtour de la dossière, de l'eau à l'intérieur, et en quelques semaines l'animal se recouvre d'une fine toison herbeuse. Ci-contre, un verre soufflé de Murano.

Hélène, une tortue nommée Jonathan, qui a également côtoyé un homme célèbre. Cette tortue est de toute évidence une *Megalochelys gigantea*, ou tortue géante des Seychelles. Elle vivait en 1882 à Sainte-Hélène et l'on prétend qu'elle aurait connu Napoléon.

Mais les dates ne coïncident pas. A cette époque, Napoléon était mort. On est cependant certain que, pendant la présence de Napoléon sur l'île, d'autres tortues de même espèce vivaient à Sainte-Hélène, et l'Empereur a certainement dû les voir et les connaître. Ce n'est donc pas la tortue Jonathan qu'il a connue, mais l'une de ses semblables quelques décennies auparavant, ce qui est beaucoup plus remarquable.

En dehors de cela, les pièces où sont représentées des tortues n'ont rien de bien original, hormis l'une des plus récentes, qui est en or véritable et a été frappée en 1980 par l'État de Panamá. Cette pièce est connue comme « tortue d'or » ; elle est rare et d'une grande valeur, mais elle ne démontre pas plus que les autres « chélonai » que les tortues valent leur pesant d'or !

Plus fréquentes sont les représentations sur des timbres, encore que la mode en soit récente. Les premiers timbres avec des tortues datent de 1932. Ils sont édités en général par des petits pays, comme Monaco ou les Seychelles, qui tirent de substantiels profits de leurs émissions philatéliques. Saint-Marin, Andorre ou les îles Cayman ont très vite compris le parti qu'ils pouvaient tirer de figurines représentant la nature et les animaux ; ces thèmes sont appréciés non seulement des collectionneurs de timbres, mais également de ceux qui s'intéressent à la préservation de la nature, ou à la sauvegarde des animaux. Le filon est inépuisable. C'est pourquoi l'on voit de plus en plus de timbres concernant les tortues.

En France, il n'y avait pas encore à ce jour de représentation de la tortue française terrestre, la tortue d'Hermann. Dès le mois de septembre 1991, un timbre de trois francs sera mis en circulation, représentant la tortue française d'Hermann. Voilà qui fera plaisir à tous les philatélistes de notre pays, et en même temps à tous les herpétologistes.

Une tortue consciente de son importance : des pièces de monnaie n'étaient-elles pas frappées à son effigie dans l'Antiquité ? Celle-ci, une terre cuite d'Amérique du Sud, n'est d'ailleurs pas sans rappeler notre Kermitt nationale !

Revenons à l'origine de ces éditions. Le premier timbre montrant une tortue est donc daté de 1932 et édité par les îles Cayman. Ces petits îlots sont surtout connus pour leurs éditions philatéliques, et il ne se privent pas d'éditer de nombreuses séries, surtout sur les animaux. Par la suite, de nombreux pays vont les imiter, et des séries « faune et flore » vont paraître dans toutes les collections, année après année. On compte aujourd'hui environ trois cents timbres différents représentant des tortues. Toutes les espèces sont à peu près représentées, mais on voit surtout des tortues de mer, et beaucoup moins de tortues d'eau douce. La tortue la plus représentée est la Luth, énorme bête de plus de cinq cents kilos, assez répandue dans les mers du globe et qui naturellement est connue dans de nombreux pays.

Cette profusion de timbres sur les tortues est une aubaine pour ceux qui aiment ces animaux. Car c'est une manière pratique de collectionner l'image de toutes ces tortues. Des timbres peuvent ainsi voisiner avec d'autres documentations sur les chéloniens, accompagner des études ou des encyclopédies et apporter un complément d'information sur telle ou telle espèce. Ce qui est intéressant est que chaque animal est présenté dans son milieu, avec son environnement de plantes ou de fleurs, et cela peut constituer pour le néophyte un bestiaire tout à fait informatif.
Les timbres sont souvent plus originaux que des photographies, et l'on trouve une telle variété de dessins pour chaque espèce que cela donne une idée précise, pour ceux qui connaissent mal l'animal, de sa forme et de ses couleurs.
Parfois, les timbres sont tirés de dessins d'enfants ou sont comiquement présentés. Sur certaines éditions, on retrouve compère le lièvre à côté de dame tortue. Sur d'autres, le père Noël lui-même est assis sur le dos d'une tortue : on oscille de l'image réaliste au dessin imaginaire ; et, pour les

Une magnifique broche dorée aux yeux en petits brillants, œuvre d'un artisan des bords du lac de Côme. Ci-contre, une loupe en forme de tortue, en argent et cristal.

amoureux de tortues, je crois qu'une collection de timbres est la meilleure manière de se faire plaisir à peu de frais. On le voit, la tortue est vraiment de tous les domaines où l'homme s'exerce ; qu'elle soit monnaie, timbre, sceau, motif décoratif, on la trouve partout et elle témoigne de son omniprésence dans le cœur de l'homme.

Autrefois, sur les gravures et dans les premiers ouvrages de clercs, on confondait la tortue avec les serpents et les monstres de mer. On la montrait avec une queue gigantesque — comme un serpent de mer — ou aussi énorme qu'une baleine. Elle tendait un cou démesuré ou présentait d'horribles griffes de tigre. Elle était le plus souvent montrée horrible et malfaisante. C'était l'époque de son purgatoire, quand elle vivait en confrérie avec les autres monstres des profondeurs. Peu de dessinateurs avaient vu de vraies tortues, car ils les dessinaient bancales, monstrueuses ou hérissées d'horribles piquants. Il est vrai que ces dessinateurs étaient surtout européens, et le plus souvent européens du Nord (Hollandais, Anglais, Flamands), et les tortues ne sont guère nombreuses à l'état naturel dans ces contrées nordiques. Longtemps la tortue fut considérée comme un mythe, à l'instar de la licorne ou de la sirène. D'ailleurs, elle était souvent chevauchée par des diables ou des sirènes ; elle sortait hors de l'eau une mâchoire de requin, et replongeait dans les enfers sous-marins.

Il faut attendre le XVIe siècle pour qu'elle devienne plus

précise sur les dessins. Quelques naturalistes, comme Gesner, Knorr, Lortet, s'intéressèrent à elle. On trouve alors dans les archives d'admirables croquis, aussi nets et fouillés qu'une photographie (avec en plus la « patte » de l'artiste), qui permettent enfin de témoigner de la vraie morphologie tortuesque. En même temps que les croquis, les gravures et les estampes se rapprochent d'une certaine réalité, le mystère de la tortue se met à fondre. Au lieu de la craindre, elle apparaît comme fragile et empruntée dans son habit d'écailles. On finit par s'émouvoir de sa démarche lente et obstinée. De l'effroi, on passe à l'intérêt, puis à l'attention affectueuse. Le purgatoire prend fin : dame tortue entre dans les siècles qui sont les nôtres, où, d'aimée, elle devient trop aimée.
L'une des légendes les plus tenaces qui courent sur la tortue est qu'elle meurt si on la retourne sur sa carapace. En fait, aucun animal adulte n'a succombé en se retournant sur le dos. Certes, elles culbutent fréquemment, chutant d'une pierre, ou parfois poussées par un mâle irascible, mais elles sont suffisamment rondes pour que leur dossière fasse office de culbuto. Leurs pattes et leurs têtes s'étirent au maximum, se penchent vers le sol, agrippent un morceau d'herbe ou un caillou, et, déployant une agilité surprenante, elles parviennent dans tous les cas à se remettre sur leurs pattes.
La légende a quelques fondements véridiques, mais qui concernent les tortues beaucoup plus grosses, de pays plus lointains. Les peuplades qui vivent le long des côtes africaines

ou orientales tirent les tortues de mer sur le sable et, pour s'épargner le mal de les tuer, les renversent simplement sur le dos. Ces bêtes ont une dossière presque plate et pèsent jusqu'à trois cents kilos. De ce fait, elles ne parviennent pas à se retourner, et elles s'étouffent lentement, le poids même de leur corps pesant sur les deux poumons qui sont tout au fond de la carapace.

Une autre sorte de tortue pâtit de la même mésaventure. Les tortues du désert (*Gopherus agassizi*) sont de grosses bêtes terrestres, pesant jusqu'à trente kilos, et dont la dossière est plate.

Comme toutes les tortues qui font des terriers (pour se protéger de la grande chaleur), la Gopherus du Texas a une forme très plate, afin de mieux se faufiler dans le sable. Cette forme lui est malheureusement fatale, car la rencontre de deux mâles, chez cette espèce, donne lieu à des combats violents. Les deux animaux se heurtent pendant des heures, dossière contre dossière, dans un grand fracas d'armures écailleuses. Dotés d'une fourche très épaisse et puissante, juste sous la tête, ils parviennent à saisir avec cette fourche la dossière de l'adversaire et à le renverser. Ensuite, à Dieu vat !... Le mâle ainsi vaincu n'a guère de chance de s'en sortir. Sa dossière plate l'empêche de se retourner ; l'implacable soleil lui cuit le visage et les yeux ; il meurt en une demi-journée.

Plus abstraite que réaliste, une sculpture en marbre rose africain. Ci-contre : les roues permettent, bien sûr, d'aller plus vite mais dame tortue a l'air bien endormi... et le bonnet de nuit part dans l'autre sens !

Elle est à moitié authentique et à moitié le fruit de l'imagination d'un artisan du siècle dernier : la carapace est celle d'une vraie tortue mais les pattes, la tête, le cou et le bord de la dossière sont en argent ciselé. Imaginaire et réalité se confondent également dans les légendes, les récits et les croyances populaires dont notre amie est l'héroïne.

Une héroïne de haute volée

La légende peut-être la plus tenace sur la tortue est sa lenteur proverbiale. Pourtant, là encore, que d'erreurs à propos de cet animal ! Les tortues de mer, par exemple, sont extrêmement rapides dans l'élément qui est le leur ; elles se déplacent jusqu'à vingt-cinq kilomètres à l'heure ! La plupart des tortues d'eau douce sont également vives ; certaines d'entre elles, happeuses, féroces, se jettent littéralement sur la proie ou l'ennemi, avec une vélocité qui surprendrait bien des gens. Quant aux tortues de terre, elles font preuve quelquefois d'une agilité étonnante. C'est ainsi que la petite tortue de jardin, bien connue de tout le monde, peut dans certaines circonstances stupéfier son monde. Il suffit que ce soit un mâle, dans la période de rut (c'est-à-dire une bonne partie de l'année), excité de surcroît par une chaleur excessive ; on le voit alors littéralement courir sur le sol, et sa rapidité est ahurissante. J'ai vu ainsi, un jour de chaleur énervante, un petit mâle de cinq cents grammes poursuivre un lézard et le gagner de vitesse. Tous les jours, en entrant dans les enclos pour nourrir certaines tortues, surtout celles en provenance des Balkans ou de Grèce, je suis surpris d'entendre le piétinement rageur de grosses tortues de deux kilos, qui se précipitent « à toutes pattes » vers moi.

Autres légendes, similaires : la tortue est sourde, la tortue

est muette... La tortue n'a certes pas d'oreilles, mais en fait elle dissimule sous deux plaques de chaque côté de la tête un organe auditif très développé. Elle est capable, à cinquante mètres, d'entendre une personne qui l'appelle ou un congénère qui arrive. Et elle n'est pas muette non plus : durant l'accouplement, le mâle émet des couinements stridents, des soupirs et des ahanements qui peuvent s'entendre à une bonne distance. Vous le voyez, dame tortue est pleine de surprises.
A propos de lenteur, on en revient à la fameuse fable de La Fontaine. Il n'est pas étonnant qu'une tortue ait triomphé du lièvre, car outre le fait qu'elle soit moins lente qu'on ne le croit, je ne connais pas d'animal plus obstiné. Le fabuliste l'avait compris. Une tortue jamais ne se lasse ni ne se départit de sa volonté. Elle refera dix fois, cent fois, le même trajet. Elle passera sa journée, sa vie, à faire le tour de son enclos. Elle continuera heure après heure, semaine après semaine, à gratter au bas de son grillage ou à piétiner derrière une vitre

Pattes bien écartées, peut-être pour ne pas risquer de se renverser, voici une tortue insolite en résine ; elle est parisienne. Ci-contre, un produit d'artisanat algérien, en terre simplement durcie au soleil et vernissée.

pour sortir. A mon avis, cela suffit d'ailleurs pour affirmer qu'elle n'est pas faite pour la captivité.

Or donc, dans la fable, il est certain que la tortue, ayant un but fixé dans la tête, n'a cessé, une minute, une seule seconde, d'aller dans la même direction, avec son obstination native. Elle s'est appliquée, agitant ses petites pattes avec frénésie, toujours patiente, gravissant rochers et buttes de terre, franchissant les ornières et les murets, comme nous les voyons faire tous les jours au Village des tortues. Tandis que sieur le lièvre, on ne le sait que trop, gambadait, sautait, se divertissait, oubliant le but et sa concurrente. Et se trouvant marri, à la fin, d'avoir manqué de ténacité.

Posez une tortue sur le sol, à vos pieds, et bavardez trois minutes sans la regarder. Jetez un coup d'œil à vos pieds, l'animal se sera éclipsé, fort loin de vous. Beaucoup ainsi ont perdu leur animal. La tortue, jamais, ne s'affaiblit ni ne s'assoupit ; méthodique, éveillée, constante, elle avale mètre par mètre et sort de notre champ de vision en dix minutes. Voilà comment dame tortue gagne des courses.

Mais savez-vous que La Fontaine n'a rien inventé ? Ni Esope, son précurseur. En fait, la légende de la tortue qui va plus vite qu'un autre animal vient probablement d'anciens contes africains. C'est sur ce continent en effet que l'on trouve des histoires de tortues très anciennes, tout à fait similaires à

Une petite sculpture en bronze venant de Chine. Celle-ci semble d'humeur plutôt belliqueuse, si l'on en croit le fusil qu'elle porte fixé sur la dossière.

celles évoquées par nos fabulistes. La plupart du temps, la course est encore plus difficile, car il s'agit pour la tortue de battre un aigle. Pour y parvenir, la tortue ruse et invente un stratagème. Il s'agit pour le vainqueur d'aller jusqu'à la mer et de ramener du sel au point de départ. La tortue fait un premier voyage et prépare d'autres tortues à la course qui va se dérouler, tout au long du parcours. Elle indique à chacune les places qu'elles devront prendre, et, quand l'aigle passe dans le ciel, il voit un peu partout la tortue qui se presse pour gagner. Lors de son premier voyage, qui dura cinq mois, la tortue avait pris le sel au bord de la mer et était revenue à son point de départ. L'aigle, quand il revint, fut très dépité en voyant que la tortue avait rapporté le sel avant lui. Mais, furieux de s'être fait berner, il tua la tortue. C'est la raison pour laquelle, depuis ce jour, les autres tortues se cachent dans la mer, pour échapper à la fureur de l'aigle.
D'autres légendes tenaces ou observations curieuses courent sur la tortue. Telle la forme de son cœur, différent du nôtre, et qui a donné son nom à un oursin fossile (du genre

Venue d'Orient elle aussi, cette tortue de mer en bois peint aux grandes pattes palmées et griffues est l'œuvre d'un artisan de l'île de Bali.

Micraster), nommé « cœur de tortue ». En effet, le cœur de la tortue s'étendrait dans le sens de la largeur, serait plat, avec une pointe arrondie. En fait, cela doit dépendre des espèces, et le cœur de la tortue n'a rien de bien significatif. On sait aussi que la tortue est une sorte de chameau à carapace. On parle d'une sobriété fabuleuse. Darwin raconte qu'en abordant sur l'île Chatham, aux Galapagos, il vit d'innombrables petits sentiers tracés dans les herbes ; il les suivit et arriva sur une large mare où tous les chemins convergeaient. Il attendit un moment et vit que des tortues, énormes et dotées d'un cou très long, arrivaient pour se désaltérer. Le reste de l'île était dépourvu d'eau douce, et les tortues, au fil des années, avaient fini par creuser ces chemins pour venir boire régulièrement et refaire leur plein d'eau. Il remarqua qu'elles restaient parfois trois jours aux environs de la mare, puis qu'elles disparaissaient.
Dans notre région, je connais des sources ou de minuscules trous d'eau fréquentés par des tortues en plein milieu de l'été. Elles viennent d'au moins deux cents mètres,

Ci-dessus une faïence émaillée équatorienne. Ci-contre, une terre cuite vernissée venue de Lima, au Pérou : on pose une cigarette allumée dans les trous des pattes et la fumée sort par le haut de la carapace.

difficilement, à travers restanques et pentes caillouteuses, pour boire une gorgée, puis s'en retournent dans les taillis. Voilà qui rappelle les observations de Darwin. Mais la plupart des tortues boivent très peu. Elles trouvent un peu d'humidité dans les aliments qu'elles mangent, mais certaines, en Grèce par exemple, vivent dans la caillasse et mangent des chardons. Toutefois, une tortue assoiffée qui n'a pas bu depuis des semaines, et placée devant une jatte d'eau fraîche, pourra y plonger la tête et y rester pendant une demi-heure, buvant et buvant. Elle peut ingurgiter, d'après mes calculs, jusqu'à quinze pour cent de son poids en une seule fois. Ce qui est tout de même moins que le chameau, qui peut prendre jusqu'au tiers de son poids en une rasade.

Dans ce chapitre des curiosités tortuesques, on cite une manière astucieuse de s'emparer des tortues de mer, en utilisant un poisson pilote, un rémora. Les chasseurs de certains pays le tiennent en laisse (!) et l'emmènent avec eux dans la mer. Cet animal, équipé de ventouses crantées, peut se fixer sur tout support qui lui convient ; requins, coques de bateau, tortues... Quand il est fixé, impossible de l'en détacher. Ainsi, les pêcheurs halent la corde et ramènent avec le rémora la tortue de mer sur laquelle il s'est enkysté. Rappelons que les Mongols ont une peur superstitieuse de la tortue, pour la simple raison que les écailles de son dos ressemblent — du moins de leur point de vue — aux lettres de l'alphabet tibétain. C'est le dessin des écailles qui a trompé un grand scientifique. Linné a baptisé tortue grecque un animal que l'on ne trouve pratiquement pas en Grèce. Tout simplement parce que les dessins des écailles rappellent une frise grecque. On le voit, dame tortue entretient les confusions et les légendes.

Parlons enfin de cette particularité que l'on prête aux tortues : se refermer à l'intérieur de leur carapace. En fait, bien peu d'entre elles en sont capables. Les tortues de mer, par exemple, ont des nageoires tellement extériorisées que les requins les marquent toutes de dentelures qui petit à petit diminuent leur capacité natatoire. La plupart des tortues palustres sont elles aussi incapables de cacher la tête ou les pattes sous leur dossière. D'ailleurs, certaines n'ont pas de boîte osseuse, mais des sortes de manteau de cuir. Elles ont d'énormes cous, des faces hideuses, des bouches happeuses, des griffes redoutables ; bref, elles sont dangereuses et

agressives, et elles n'ont plus lieu de se protéger des prédateurs. Une espèce est si curieuse que sa carapace est quasi plate et qu'elle ressemble à un long morceau de gâteau écrasé entre deux planches de bois, d'où son nom de « pancake ». C'est son habitude de vivre dans les anfractuosités de pierre et de se loger dans d'étroites crevasses horizontales qui lui a valu cette forme longiligne et « écrasée ». D'ailleurs, elle ne pond qu'un œuf, car il y a bien peu de place sous sa dossière.

Même les tortues de terre, pourtant classiquement dotées d'une belle carapace bombée, n'ont pas toutes les mêmes moyens de se dissimuler. Certaines espèces ont inventé le piège vivant ; elles peuvent fermer d'un coup sec de leur puissante musculature le devant ou le derrière de leur plastron. On les appelle des tortues-boîtes. Bien fermées, elles ne laissent plus rien entrevoir de vivant ; c'est le système hérisson dans le monde des reptiles. Certaines referment ainsi l'avant, d'autres seulement l'arrière, et l'une d'entre elles, unique au monde, qui vit dans les forêts humides de l'Afrique centrale, replie au contraire sa dossière sur ses pattes arrière au moyen d'une charnière cartilagineuse. Une dernière enfin, à carapace molle, a imaginé des petits « flaps » qui obturent son ventre mou. Elle rentre ses pattes comme dans des poches intérieures, et hop ! elle referme ses écoutilles, et se croit invulnérable. On le voit, la tortue est parfois plus étonnante dans la réalité qu'elle ne l'est dans l'imaginaire des hommes.

Mais revenons aux tortues de collection. Rien de plus facile à collectionner que cet animal à carapace : elles sont nombreuses et d'une grande diversité, et leur forme se prête élégamment au rangement. Succession de demi-sphères placées les unes contre les autres... les vitrines des collectionneurs peuvent présenter un grand nombre d'objets sur une superficie réduite. Apparemment, toutes les matières se prêtent à leur réalisation, depuis le savon jusqu'à la pâte d'amande, du marbre au caoutchouc, de la matière la plus précieuse au support le plus vulgaire. Il y a des tortues en ficelle, d'autres en papier mâché. J'ai ramené de Guyane une tortue en véritable latex ; non du caoutchouc traité, mais de la sève durcie qui coule

Une boîte à bijoux très raffinée en porcelaine : c'est une production anglaise contemporaine. La carapace de la tortue, même lorsqu'elle ne cachait rien de précieux, a toujours inspiré la curiosité et stimulé l'imagination des hommes.

de l'arbre. Il y en a en graines de potiron, en paille, en noix ou en coquillages assemblés. J'en ai vu en galet, en herbe, en chewing-gum durci, coupées dans des fruits, de la glace, des noix de coco. Quand j'ai commencé ma propre collection, j'ai retrouvé au fond de mon grenier un objet que j'avais rapporté d'Afrique du Nord vingt-cinq ans auparavant, bien avant que je m'intéresse à cet animal ; c'était une tortue en terre simplement cuite au soleil, avec une petite anse sur le

dessus et des couleurs brun et sable. Voilà comment l'on est marqué à jamais, sans le savoir, par une première passion. Je remarque une constante dans toutes ces tortues de collection ; presque aucune n'est agressive, méchante ou horrible à voir. Dans la nature, pourtant, d'innombrables tortues de marais sont peu engageantes, et aussi terrifiantes que de jeunes alligators (l'une d'elles s'appelle d'ailleurs la tortue alligator). Mais les fabricants d'objets ne se sont intéressés qu'aux sympathiques et aimables bestioles de jardin. C'est donc essentiellement la tortue de terre qui est représentée, et de la manière la plus attrayante qui soit. Souvent, la tortue devient humoristique. Dans ce domaine, l'imagination s'est donné libre cours. La tortue devient un véritable objet de bande dessinée. Elle se présente souvent sur ses pattes arrière, debout, et gagne alors ses galons d'animal supérieur, de primate « imaginaire », avec l'ours. D'ailleurs, ces tortues deviennent très anthropomorphiques ; elles sont souvent accompagnées de jeunes tortues accortes,

Deux pièces originaires d'Amérique centrale et sculptées dans une pierre dure. Ci-contre, une boîte magnifique en bois doré, produit de l'artisanat chinois : sur le dos, les dorures du bois mettent en valeur des fragments de miroir colorés.

elles ont des lunettes ou des vêtements de couleurs vives, elles font du vélo, elles grimpent aux échelles comme des grenouilles, ou bien elles se livrent à des pitreries à deux ou à plusieurs, qui ressemblent furieusement à des accouplements déguisés.

La transformation de la tête de la tortue, revue et corrigée par tous les fabricants, est très remarquable. Au départ, une tête de tortue n'a rien de particulièrement réjouissant. Objectivement, elle a tout du serpent et du dinosaure. Et pourtant, au fil des créations, on ouvre sa bouche, on arrondit ses yeux, on lui invente des joues, tout un faciès drolatique et proche de nous qui en fait un animal facétieux et hilare. Elle rejoint en cela sa cousine la grenouille, que l'on présente souvent comme une tortue ; les deux animaux se confondent

parfois si bien qu'on ne saurait dire, sans regarder le dos et la carapace, s'il s'agit d'un batracien ou d'un reptile. Mais qu'importe à celui qui aime l'animal : l'essentiel est que l'objet soit agréable à regarder, amusant ou pittoresque. Voilà donc dame tortue qui lève les pattes, qui danse, qui caracole, qui se contorsionne, qui ressemble à un clown, qui ouvre la bouche et se met à chanter, qui devient bavarde et toute roucoulante, ce qui est, si l'on y fait attention, bien éloigné de sa vraie nature. Mais, après tout, qu'importe : dame tortue fait rire les enfants, et elle prend rang et place sur les vitrines des collectionneurs. Elle a perdu, dans cette mutation, et sa face de reptile et sa réputation d'animal des profondeurs.
On voit bien d'ailleurs tout le chemin parcouru en quelques dizaines d'années. Jamais on n'aurait eu l'idée de représenter une tortue rigolarde ou dansante il y a cinquante ans. L'idée qu'on se faisait de l'animal était plus rigide, plus reptilienne, pour tout dire.

Et puis progressivement l'animal s'est humanisé, s'est rapproché de nous, comme l'ours ou le phoque, le canard ou la loutre. Il s'est arrondi, a pris une face plus ouverte, des yeux plus grands, un sourire plus gracieux ; lentement, il s'est adapté à nos désirs et à nos souhaits. On peut déplorer qu'il se soit éloigné de son modèle, mais il a réussi ainsi à capter notre émotion et à faire disparaître toute la crainte que nous avions à son égard. En vingt ou trente ans, il est passé du statut d'animal étrange et inquiétant à celui de jouet tout miel tout sucre.

Une pièce en verre soufflé, typique du village de Campanet, dans l'île de Majorque. Ci-contre, une sorte d'ocarina en terre cuite à paillettes dorées : il vient de Bolivie.

Un autre ocarina, de dimension importante, celui-là, réalisé en plâtre : un objet typique de l'artisanat des Pouilles, en Italie. Au milieu d'une débauche de fleurs, voici des animaux de ferme : du cochon à la poule et au coq… et notre amie la tortue, ce qui prouve bien que le monstre sorti des enfers est devenu un simple animal domestique.

Humaine, trop humaine…

Nous l'avons vu, cet intérêt accru pour tel ou tel animal peut également causer sa perte.
La tortue a maintenant perdu son image d'animal souterrain et archaïque pour devenir un reptile apprivoisé. Elle lui permet d'assouvir l'un des grands péchés de l'homme : dominer et posséder.
La tortue est devenue si populaire que les enfants (et même les adultes) ne se contentent plus de sa figuration, de son image, mais souhaitent également en avoir une dans un aquarium ou dans le potager de la maison de campagne. C'est là que le collectionneur a son rôle à jouer. C'est là que nous retrouvons l'utilité du totem.
A notre époque et dans notre société, on ne peut satisfaire son désir de possession d'un animal vivant. Trop de gens désirent trop de choses et tous les animaux de la création n'y suffiraient pas. L'homme est une machine à désirer qui souhaite toujours et tout le temps les choses qu'il ne possède pas, d'autant plus qu'elles sont inaccessibles. Plus un animal est rare, plus il veut s'en accaparer, ne serait-ce que pour signifier ainsi sa différence. Les gens qui réfléchissent peu, ou contrôlent mal leurs pulsions, font ainsi l'emplette ridicule d'un jaguar, d'un kangourou ou d'un crocodile de trois mètres.

C'est faire un grand tort à ces animaux et c'est s'exposer, tôt ou tard, à de graves problèmes de « gestion » ; on jette le crocodile dans un égout, le kangourou saute par-dessus le grillage du jardin, et le jaguar meurt de trop d'ennui dans le jardin.

C'est là que le symbole doit prendre le relais, que la passion doit se reporter sur le totem. Le collectionneur est un possessif qui a gardé les pieds sur terre. En général, il n'achète pas d'objet « vivant », il ne possède que des symboles, mais son plaisir n'en est pas moins grand. On a vu des collectionneurs perdre la tête pour un objet vendu à Singapour ou pour une estampe entraperçue dans une vente aux enchères. Mais leur passion même excessive ne fait pas de mal aux animaux qu'ils adorent. J'aime bien les collectionneurs (j'en suis un moi-même), ce sont des gens un peu fous et qui exagèrent leur

Un jouet mécanique japonais des années soixante ; fabriqué dans le fer-blanc d'une boîte de bière, il avance tout seul quand on le pousse.

Ce cendrier, taillé dans le bois, vient du Kenya : encore une preuve de l'amour qu'on porte à notre amie sous toutes les latitudes.

enthousiasme ; à les entendre, leur toute dernière acquisition en papier mâché qui vient du Sri Lanka est une merveille... Là-bas elle vaut quelques pièces de monnaie, et les gosses eux-mêmes n'en veulent pas. Mais le collectionneur, lui, est content, car il est le seul, parmi les autres collectionneurs qu'il connaît, à l'avoir, et en cela il se sent différent.
Il y a toutes sortes de collectionneurs, presque autant que de variétés d'objets collectionnés.
On peut sourire des collectionneurs, mais je leur vois une utilité thérapeutique. Ils évitent que les désirs implosent quand ils se heurtent à la réalité. Ils proposent une échappatoire pour ceux qui sont « fanas » de quelque chose. Comme je l'ai dit dans cet ouvrage, ce que l'on peut attendre de mieux de notre société est qu'elle réinvente des symboles. Comme autrefois dans les sociétés archaïques. La manie de collectionner est une manière de préférer le totem à la chose vraie. C'est une façon de ne pas toucher à la réalité, et si l'on ne faisait que collectionner les objets en forme d'animaux, plutôt que d'aller à la chasse ou de ramener de son voyage

en Afrique un singe nain ou un bébé tortue, nous aurions tous fait un grand pas vers un monde meilleur.
L'objet est un substitut. De plus, il ne bouge pas, ne meurt pas, reste éternel et *nous appartient*. Les peuples primitifs (pas si primitifs que cela) l'avaient compris bien avant nous, puisqu'ils avaient inventé la représentation des animaux sous forme de masques, de statues, qu'ils adoraient. Ce sont eux qui ont inventé le totem ; à nous de le redécouvrir.
quand ils se heurtent à la réalité. Ils proposent une échappatoire pour ceux qui sont « fanas » de quelque chose. Dessous de bouteilles, vieilles voitures, anciennes poupées de chiffon, ou tortues d'Amérique du Sud.
Comme je l'ai dit dans cet ouvrage, ce que l'on peut attendre de mieux de notre société est qu'elle réinvente des symboles. Comme autrefois dans les sociétés archaïques.
La manie de collectionner est une manière de préférer le totem à la chose vraie. C'est une façon de ne pas toucher à

la réalité, et si l'on ne faisait que collectionner les objets en forme d'animaux, plutôt que d'aller à la chasse ou de ramener de son voyage en Afrique un singe nain ou un bébé tortue, nous aurions tous fait un grand pas vers un monde meilleur.
L'objet est un substitut. De plus, il ne bouge pas, ne meurt pas, reste éternel et *nous appartient*. Les peuples primitifs (pas si primitifs que cela) l'avaient compris bien avant nous, puisqu'ils avaient inventé la représentation des animaux sous forme de masques, de statues, qu'ils adoraient. Ce sont eux qui ont inventé le totem ; à nous de le redécouvrir.

Un gros pique-fleur en terre émaillée brune, de facture provençale. Ci-contre, une boîte à pilules très raffinée, en argent doré : sur le couvercle, une tortue finement ciselée et ornée de turquoises.

Il est plus rare qu'on ne croit de voir représentée la célèbre fable de La Fontaine — racontée, avant lui, par Esope : cette fine porcelaine montre un lièvre somnolent et une tortue qui ne semble guère pressée.

Des tortues à lire

Si notre amie peut se dire à juste titre l'héroïne d'une infinité de mythes et de légendes, il en va tout autrement dans la littérature. Et malgré l'ancienne habitude des Chinois de lire l'avenir dans les plis de leur carapace, les occasions sont bien rares de trouver quelque tortue à feuilleter dans les rayons des bibliothèques.

Trop longtemps crainte, haïe ou maudite, notre amie n'a guère inspiré la plume des grands poètes et des grands écrivains, si ce n'est dans l'Antiquité classique ou dans les années les plus récentes, deux périodes qu'on pourrait appeler les deux âges d'or de la tortue. Cette quasi-absence dans la littérature vient-elle de ce que la tortue se prête peu à l'anthropomorphisme, ou bien est-elle la conséquence de son aspect étrange et parfois même un peu inquiétant ?

Ce sont surtout les auteurs de fables et de contes, plus proches du monde des mythes et des légendes, qui ont fait exception à cette règle, et cela depuis l'époque d'Esope. Sous l'enveloppe de dame tortue, ils ont su trouver des trésors surprenants de sagesse, de ruse ou d'intelligence. Aussi leurs pages formeront-elles l'essentiel de la petite anthologie que nous proposons ici à tous les amis des tortues.

CLAUDIUS AELIANUS, **La Mort d'Eschyle, On Animals VII 16**
Cité par Fritz Jürgen Obst, dans *Turtles, Tortoises and Terrapins,* St. Martin's Press, New York, p. 205

Ce texte est probablement le premier que l'on connaisse concernant les tortues, et c'est également l'un des plus célèbres. Reflète-t-il la réalité ? On pense que oui, puisque nombre de rapaces fracassent les coquillages qu'ils veulent manger en les jetant sur des rochers.

Les aigles prennent les tortues et les lâchent sur les rochers
de très haut, et lorsque les tortues éclatent,
de la carapace les aigles extraient et mangent la chair.
C'est ainsi, m'a-t-on dit, qu'Eschyle d'Eleusis,
le poète tragique, trouva la mort.
Eschyle était assis sur un rocher, méditant,
je suppose, et écrivant comme à son ordinaire.
Il n'avait pas de cheveux, et sa tête était chauve.
Un aigle prenant alors sa tête pour un rocher
lâcha la tortue qu'il tenait dans ses serres,
et le projectile vint frapper la tête du poète,
et le tua.

ESOPE, **Fables**, chez Duculot, **La Tortue et le Lièvre**

On ne peut parler de tortues sans citer Esope, le véritable « père » de La Fontaine. La fable de ce dernier est très connue, et il est plus amusant de citer celle d'Esope, dont le titre est d'ailleurs inversé ; la tortue est en premier, et non le lièvre comme il est logique puisque c'est elle qui a gagné cette fameuse course.

Le lièvre raillait un jour la tortue, et lui reprochait son extrême lenteur.
« Parions, lui dit celle-ci, que j'arriverai plus tôt que toi à l'arbre qui est au bout de ce champ.
— Tu veux me défier à la course ! s'exclama le lièvre. Tu aurais dû considérer la longueur de mes jambes, et savoir qu'en quatre sauts je fais plus de chemin que tu n'en ferais en quatre semaines.
— N'importe », reprit la tortue.

Ce joyeux chanteur s'appelle Churchy-la-Femme : c'est l'un des habitants des marais qui forment la toile de fond des bandes dessinées de l'Américain Walt Kelly ; ici, un extrait paru dans la revue italienne Linus. *Ci-contre, une petite terre cuite venant d'Uruguay.*

Et elle partit sans perdre un instant.
Le lièvre, sans se mettre en peine, lui laisse prendre les devants.
Il s'amuse à brouter, gambade et se promène, regarde à droite et à gauche, certain qu'il rattraperait la tortue quand il voudrait.
Pendant qu'il se promène, la tortue continue vers son but.
Quand le lièvre la voit à deux doigts de l'arbre, il s'élance et part comme un éclair.
Mais il n'a pas le temps de la rattraper.
La tortue arrive la première.
Si vous êtes négligent, restez en repos.
S'il vous faut vaincre, hâtez-vous à propos.

ESOPE, **Fables, Zeus et la Tortue**
Cité par Fritz Jürgen Obst, dans *Turtles, Tortoises and Terrapins,*
St. Martin's Press, New York, p. 8

Mais la tortue n'a pas toujours la part aussi belle. Dans cette seconde fable d'Esope, moins connue, on découvre la tortue sous un jour plus égoïste, ce qui lui cause bien des ennuis. Et voilà pourquoi la tortue porte sa maison sur son dos !

Quand Zeus organisa un grand banquet, tous les animaux furent invités.
Le seul qui arriva trop tard fut la tortue. Alors Zeus demanda à la tortue pourquoi elle était la seule, de tous les animaux, à arriver en retard à son banquet. La tortue répondit :
« Ma maison est précieuse pour moi, ma maison est ce que je préfère. »
Zeus devint fou de rage et ordonna que dorénavant les tortues devraient porter leur maison sur leur dos.
C'est ainsi qu'il y a beaucoup de gens qui préfèrent habiter simplement sous leur propre toit,
plutôt que de vivre luxueusement dans la maison d'autrui.

Les premières ébauches de Cecil Turtle, personnage inventé en 1941 par le dessinateur Robert Givons pour la Warner Bros. Cecil est le héros du cartoon « La Tortue bat le Lièvre », la première des trois versions différentes de la fable de La Fontaine.

LA FONTAINE, **Fables**, Livre de poche, p. 286

Inutile de citer la célèbre fable de cet auteur, Le Lièvre et la Tortue *! Tout écolier la connaît par cœur, et n'y prête plus guère attention. Par contre, vous verrez que dans* La Tortue et Les Deux Canards *La Fontaine prête à la tortue les mêmes défauts qu'à son corbeau ; trop babiller peut causer notre perte.*

Une tortue était, à la tête légère,
qui lasse de son trou voulut voir du pays.
Volontiers on fait cas d'une terre étrangère ;
volontiers gens boiteux haïssent le logis.
Deux canards, à qui la commère
communiqua ce beau dessein,
lui dirent qu'ils avaient de quoi la satisfaire.
« Voyez-vous ce large chemin ?
Nous vous voiturerons, par l'air, en Amérique ;
vous verrez mainte république,
maint royaume, maint peuple, et vous profiterez
des différentes mœurs que vous remarquerez.
Ulysse en fit autant. »
On ne s'attendait guère
de voir Ulysse en cette affaire.
La tortue écouta la proposition.
Marché fait, les oiseaux forgent une machine
pour transporter la pèlerine ;
dans la gueule, en travers, on lui passe un bâton.
« Serrez bien, dirent-ils, gardez de lâcher prise. »
Puis chaque canard prend ce bâton par un bout.
La tortue enlevée, on s'étonne partout
de voir aller en cette guise
l'animal lent et sa maison,
justement au milieu de l'un et l'autre oison.
« Miracle ! criait-on ; venez-voir dans les nues
passer la reine des tortues.
— La reine ! vraiment oui ; je la suis en effet ;
ne vous moquez point. »
Elle eût beaucoup mieux fait
de passer son chemin sans dire autre chose ;
car, lâchant le bâton en desserrant les dents,
elle tombe, elle crève aux pieds des regardants.
Son indiscrétion de sa perte fut cause.
Imprudence, babil, et sotte vanité,
ont ensemble étroit parentage.
Ce sont enfants tous d'un lignage.

CHARLES DARWIN, **Voyage d'un naturaliste autour du monde**.
Editions La Découverte, tome II, les Galapagos, p. 169, 170, 171

L'un des premiers à étudier les tortues dans la nature, et à en tirer des observations scientifiques, fut Charles Darwin. Son célèbre voyage sur le Beagle, *le mena aux Galapagos, en septembre 1835. Il y découvrit une faune remarquable, et particulièrement des reptiles uniques au monde : iguanes et tortues géantes. Sur chaque île de l'archipel, les animaux différaient par quelques détails. Et c'est en observant ces variations morphologiques qu'il eut l'idée déterminante de la « dérive des espèces », selon le milieu et ses contraintes biologiques. Quelques années plus tard, il publia un ouvrage qui modifia toutes nos conceptions biologiques et zoologiques :* L'Origine des espèces.

La tortue aime beaucoup l'eau, elle en boit des quantités considérables et elle se vautre dans la boue. [...] Quand je débarquai à l'île Chatham, je me demandai avec étonnement quel était l'animal qui suivait si méthodiquement les sentiers tracés dans la direction la plus courte. Il est fort curieux de voir auprès des sources une grande quantité de ces immenses créatures, les unes se dirigeant rapidement vers l'eau, le cou tendu, les autres s'en allant tranquillement, leur soif étanchée. Quand la tortue arrive à la source, elle s'inquiète peu qu'on la regarde ou non, elle plonge la tête dans l'eau et avale rapidement d'immenses gorgées, environ dix par minute. Les habitants affirment que chaque tortue reste trois ou quatre jours dans le voisinage de l'eau, puis qu'elle retourne dans les parties basses du pays ; mais il est fort difficile de savoir si elle renouvelle fréquemment ses visites. L'animal se règle probablement sur la nature des aliments qu'il mange chaque jour. [...] Les habitants croient que ces animaux sont absolument sourds ; il est certain qu'ils n'entendent pas une personne qui marche immédiatement derrière eux. Rien d'amusant comme de dépasser un de ces gros monstres qui cheminent tranquillement ; dès qu'il vous aperçoit, il siffle avec force, retire ses jambes et sa tête sous sa carapace et se laisse tomber lourdement sur le sol comme s'il était frappé à mort.

Dans les bandes dessinées de Dropouts, de l'Américain Howard Post, il y a également une tortue : nous la voyons ici prêter son assistance à une douloureuse opération d'arrachage de dents. Ci-contre, un bois gravé trouvé en Guyane, qui évoque bien l'époque du grand massacre des tortues de mer.

LEWIS CARROLL, **Alice au pays des merveilles,** Folio junior, p. 128

Lewis Carroll nous raconte l'histoire de la « Simili-Tortue ». Il forme ce jeu de mots à partir d'un potage, « mock turtle soup », qui est fabriqué à base de tête de veau. Une simili-soupe de tortues, en quelque sorte.

— Autrefois, dit enfin la Simili-Tortue en poussant un profond soupir, j'étais une vraie tortue.
Ces paroles furent suivies d'un long silence, rompu seulement par un « Grrrrh ! » que poussait le Griffon de temps à autre.
— Quand nous étions petits, reprit la Simili-Tortue d'une voix plus calme, nous allions à l'école de la mer. La maîtresse était une vieille tortue de mer... nous l'appelions la Tortue grecque...
— Pourquoi l'appeliez-vous la Tortue grecque, puisque c'était une tortue de mer ? demanda Alice. J'ai lu quelque part que la Tortue grecque est une tortue d'eau douce.
— Nous l'appelions la Tortue grecque parce qu'elle savait le grec, répondit la Simili-Tortue avec colère.
— Tu devrais avoir honte de poser une question aussi simple, ajouta le Griffon.
Après quoi, tous deux restèrent assis en silence, les yeux fixés sur la pauvre Alice qui aurait bien voulu disparaître sous terre.
La Simili-Tortue dit alors :
— Nous recevions une excellente éducation ; en fait, nous allions à l'école tous les jours...
— Moi aussi, dit Alice. Vous n'avez pas besoin d'être si fières pour si peu.
— Il y avait des matières supplémentaires, à ton école ? demanda la Simili-Tortue d'un ton un peu anxieux.
— Oui, nous apprenions le français et la musique.
— Et le blanchissage ?
— Sûrement pas ! dit Alice avec indignation.
— Ah ! dans ce cas, ton école n'était pas fameuse, déclara la Simili-Tortue avec soulagement. Vois-tu, dans notre école à nous, il y avait à la fin du prospectus : « Matières supplémentaires : français, musique, *et* blanchissage. »

JULES VERNE, **Le Superbe Orénoque**, Hachette, grandes œuvres, p. 88

L'un des textes les plus insolites concernant les tortues est celui de Jules Verne dans **Le Superbe Orénoque**. *Visiblement, notre auteur a entendu parler de pontes massives de tortues, et il invente une véritable migration de chéloniens, irrésistible et dévastatrice comme une horde de bisons. Les héros se trouvent donc dans une vaste plaine non loin de l'Orénoque, et entendent un bruit sourd d'orage lointain. Ils voient une lourde poussière se lever à l'horizon. La terre tremble. Ils ignorent quelle est la cause de cette manifestation spectaculaire.*

A un kilomètre de là, M. Miguel, qui marchait en tête à côté du chef civil, leurs carabines prêtes à être épaulées, s'arrêta soudain. Une exclamation d'extrême surprise lui échappa...
En vérité, si jamais mortel eut l'occasion de voir sa curiosité satisfaite, si jamais homme fut confondu dans son incrédulité, ce fut bien le sergent Martial. Ah ! le vieux soldat ne croyait pas à la présence de ces milliers de chéloniens, qui, à l'époque de la ponte, envahissaient les plages de l'Orénoque, entre l'embouchure de l'Arauca et les bancs de sable de Cariben...
« Des tortues... ce sont des tortues ! » s'écria M. Miguel, et il ne se trompait pas.
Oui !... des tortues, des centaines de mille, plus peut-être, s'avançaient vers la rive droite du fleuve. Et pourquoi cet exode anormal, en dehors de leurs habitudes, puisqu'on n'était plus à l'époque de la ponte ?
M. Martial répondit à cette question, qui venait à l'esprit de tous :
« Je pense que ces bêtes auront été effrayées par les secousses du tremblement de terre... Sans doute chassées par les eaux du Tortuga ou du Suapure qui ont été rejetées hors de leur lit... elles viennent chercher un abri dans l'Orénoque, et même au-delà... poussées par l'irrésistible instinct de conservation. »

APPENDICE 2

Une huile sur toile du peintre et illustrateur sicilien Bruno Caruso, datée de 1985 et intitulée « Tortue dans la forêt ». On ne trouve pas seulement des traces de la tortue dans les contes et légendes, mais aussi dans des expressions du langage courant de nombreuses langues : preuve, s'il en était, du rôle important de notre amie dans l'imaginaire de toutes les cultures.

Dans la bouche des uns et des autres

Petit glossaire de la tortue en quatre langues

FRANÇAIS

Tortue *n.f. [de l'anc. provençal (tartuga), du bas lat. (tartaruca), d'étym. incert., p.-ê. du grec tard. (tartaroukos),* « habitant *(d'(echein),* habiter) du Tartare », gouffre profond dans lequel Zeus précipita les Titans (ds l'anc. symbolique chrét., la tortue représentait l'esprit du mal), avec *infl. prob. de (tort),* tordu, à cause p.-ê. des pattes tordues de l'animal] : *(fig.) marcher à pas de tortue, avancer comme une tortue,* marcher très lentement ; *(fig.) quelle tortue !* se dit d'une personne très lente // *(milit.)* sorte de toit que formaient les soldats romains avec leurs boucliers levés, afin de s'abriter des projectiles lancés par les assiégés ; *(plus génér.)* machine de guerre couverte

Ecaille *n.f. [du germ. (skalja),* « tuile »] : matière recouvrant la carapace des grandes tortues de mer et utilisée en tabletterie, marqueterie, lunetterie, etc.

ANGLAIS

Turtle *[1], n.n. [du franç. (tortue), infl. par l'anc. anglais (turtle) de sens diff. (cf. plus loin turtle [2])]* : tortue d'eau ; *(USA),* tortue d'eau ou terrestre // *(fig.) (naut.)* sac muni d'une fermeture à glissière qui fait partie du spinnaker et permet de le manœuvrer et de le hisser très rapidement

Turtle [2], *n.n. [de l'angl. archaïque (turtla), du lat. (turtur) imit. le cri de l'animal] :* nom archaïque de la **turtledove**, oiseau du genre Streptopelia // *(fig.)* personne aimable et gentille

ALLEMAND

Schildkröte *n.f. [de Schild,* bouclier, *et de Kröte,* crapaud, *lui-même du germ. (krota) ou (kreta)] :* tortue // *(fig.)* monnaie, à cause d'une effigie de tortue sur d'anciennes pièces de monnaie grecques ; *(fam.) meine letzen Schildkröten,* ou *(plus fréqu.)*

meine letzen Kröten, mes derniers sous

ITALIEN

Tartaruga, *n.f.*, tortue (spécial. terrestre) *[du bas. lat. (tartaruca)] : (fig.)* personne lente et paresseuse ; *(fig.) camminare come una tartaruga,* marcher à pas de tortue // écaille de tortue, utilisée en marqueterie, lunetterie, etc.

Testuggine, *n.f. [du lat. (testudo) (-udinis), dériv. de (testa),* « enveloppe »*] :* machine de guerre consistant en une construction solidement recouverte et mobile, sous laquelle les soldats s'abritaient durant l'assaut des remparts ennemis // *(antiqu.)* formation en « tortue » des soldats romains // ancien instrument musical à cordes, semblable à une lyre // *(archit.),* dans l'arch. romaine, toit ou voûte formé de quatre plans qui convergeaient vers le centre

Remerciements

La réalisation de ce volume n'a été possible que grâce aux contributions de nombreux collectionneurs et amateurs fervents.
L'auteur tient à remercier non seulement les propriétaires des objets photographiés mais, aussi, tout particulièrement : Roger Bour, pour ses informations, Virginie Nouvel, une collectionneuse acharnée, Alain Dupré dont la maison est envahie de tortues et qui m'a grandement aidé pour ce livre, ainsi que Giulio Guidorizzi, Corinne Nada, Giuliano Monaco, Stefano Vaj et la boutique « Pelucherie di Quadriga » (Milan).

L'éditeur remercie le groupe Mantero, qui a autorisé la reproduction du dessin Interseta en couverture.

Crédits photographiques

Les tortues photographiées dans ce volume appartiennent aux collectionneurs suivants :

Cristina Cerruti (p. 97).
Daniele Crippa (p. 40).
Bernard Devaux (pp. 8, 25, 26, 28-29, 32, 42, 52, 53, 59, 64, 70, 72-73, 84, 91, 109).
Alain Dupré (pp. 9, 11, 12-13, 17, 35, 37, 46, 50, 57, 61, 66, 67, 87, 88, 89, 93, 94, 98, 104).
Emilio Gargioni (p. 7).
Marisa Meregalli (pp. 2, 44, 48, 79, 99).
Virginie Nouvel (pp. 16, 25, 38-39, 43, 49, 55, 56, 69, 75, 77, 80, 81, 85, 101, 102).
Teresita Olivares et Alfredo Paglione (pp. 10, 15, 19, 20, 22, 23, 27, 30, 33, 36, 47, 51, 65, 74, 78, 83, 86, 92, 95, 100, 111).

Toutes les photographies ont été faites par Giorgio Coppin en collaboration avec Anna Giorgetti.

Composé par Nord Compo, Villeneuve-d'Ascq
N° d'éditeur : 33519
Dépôt légal : septembre 1991
Imprimé et relié en Italie par Mondadori